五木寛之

神の発見

書き下ろしエッセイ＋トーク

●対話者　森　一弘（カトリック司教）

平凡社

神の発見

ブッディストがキリストを訪《たず》ねる旅のはじめに

五木寛之

以前、ロシアのサンクトペテルブルクを訪《おとず》れたとき、アンナ・アフマートヴァという詩人の自宅を見学する機会があった。

アフマートヴァは、いまのロシアでもじつに多くの読者をもつ女流の詩人である。彼女はすでに亡くなったが、その作品は年ごとに高く評価され、国民詩人といってもいい存在となりつつある。

彼女は、かつてスターリンの共産党独裁政権のもとで、言葉につくせない苦しみを受けた。詩の創作も、発表も禁じられて、自宅に軟禁《なんきん》されて生涯を終えた。

その家がアフマートヴァ記念館として保存されていることを知り、ある日、雪のなかを訪れたのだ。質素な寝室の壁に、一枚のイコンが飾ってあり、ベッドサイドのテーブルの上には何冊かの本が置いてあった。

ほかには何ひとつない、じつに簡素な部屋で、私はひどく感動した記憶がある。晩年、彼女は身のまわりに三冊の本だけを並べていたという。一冊はプーシキンの詩集。もう一冊はシェークスピアの戯曲集。そして三冊目の本が聖書だった。

私は自分で勝手にブッディストだと思っている。ブッダと一般に呼ばれる釈迦《しゃか》に深く共感し、その思想と生きかたに帰依《きえ》してきた。

しかし奇妙なことに、いつも読んで感動するのは聖書である。親鸞《しんらん》の言行《げんこう》を記録した『歎異抄《たんにしょう》』を読んでも、ああ、このくだりは聖書のなかのあの部分と重なるな、と感じたりするのだから困ったものだ。

古代から現代までの、日本人の暮らしと心のありようには、二つの大きな節目がある。それは島に生きる私たちが、外国から受けた大きな衝撃だ。

いうまでもなく、一つは、古代に中国を通じてあたえられた大陸文化の影響である。私たちは長くその影のもとに生きてきた。それは圧倒的な影響であり、いまなお私たちの暮らしを支配している。もちろん仏教もその一つである。神《かん》ながらの道である神道《しんとう》さえも、仏教という外来信仰の上陸によって、それへのカウンターカルチュアとして意識され、確立された面が大きいと私は思う。

いま自分のアイデンティティーの一つとしてもちいる名前が、漢字という外国から到来した記号によって書かれていることにも、その大陸文化の影響の深さをまざまざと見せつけられるような気がするのだ。

もう一つの衝撃は、いうまでもなく明治にはじまる西洋・欧米文明の到来である。文明開化の名のもとに、私たちの生活様式は一変したといっていい。漱石《そうせき》はその変化を、「西洋の猿真似《さるまね》」と呼んだ。彼のいわんとするところが私には、なんとなくわからないでもない。

「和魂洋才《わこんようさい》」というスローガンには、大きなごまかしがあるのではないか。洋才には本当は深いところで洋魂《ようこん》とでもよぶべき精神のありようがあって、それが才という技術やシステムを支えているはずである。その根の部分を都合《つごう》よくカットして、地上に咲いている花だけを利用しようとしても、それは無理なのではないか。

その根にあたる洋魂とはなにか。それがキリスト教的文化であることは、すでに誰もが知っていることだ。

市場原理といい、自由競争という。その経済のシステムを土台で支えるのは、「見えざる《インビジブル・》神の御手《ハンド・オブ・ゴッド》」に対する深い信頼である。だからこそドル紙幣には「イン・ゴッド・ウィ・トラスト」という文字が印刷されるのだ。

民主主義の土台である人権は、天賦《てんぷ》の人権と呼ばれる。天とはなにか。それは神があたえたもうた権利であり、デモクラシーが神の意識なしに成立しないことは、アメリカ大統領の就任のセレモニーを見れば、一目瞭然《いちもくりょうぜん》である。聖書ぬきでは、大統領の就任式さえおこなえないのだから。

司法の場で証人が宣誓《せんせい》するのは、裁判官や検事や陪審員《ばいしんいん》のためにではない。「神に対して」真実を述べると誓《ちか》うのである。

すなわち西洋・欧米の近代文明とは、基本的にキリスト教文化であり、それこそが洋魂《ようこん》と呼ばれるべきものだろう。

しかし、明治以来、私たちは天皇制と国家主義を和魂《わこん》として、洋才に無理やり重ねて近代化をおしすすめてきた。敗戦によってそれが否定されると、どうしたか。まことに要領よくというか、図々《ずうずう》しくというか、こんどは「無魂《むこん》洋才」という抜け道を走り続けてきたのだ。

そしていま、日々さまざまなかたちで発生する事件は、その無魂洋才という抜け道が、行き止まりに直面したことを物語っている。

敗戦後のこの国が、なんとなく好調に走り続けてこられたのは、たぶん、無魂という制約なき身軽さによるものだろうと思われる。魂《たましい》というものは、つねに人びとの心や社会にブレーキとして働くものだ。

「そこまでしてはいけない」「そうすべきではない」というブレーキが外された車は、当然、他の車より速い。めざましく疾走《しっそう》し、そしてやがて転覆《てんぷく》する。

フランシスコ・ザビエルの来日、伝道からおよそ四百五十年、私たち日本人は、容易に洋魂をとりいれようとはしなかった。弾圧と殉教《じゅんきょう》の歴史を経《へ》て、いま現在、日本におけるキリスト者の数は、国民の一パーセント強であるという。

日本の中高年は、バッハやヘンデルの音楽に感動し、若者たちはゴスペルソングに熱狂する。ポピュラーなコンサートの定番は「アヴェ・マリア」であり、流行歌の沿革《えんかく》は「カチューシャの唄《うた》」にさかのぼる。「カチューシャ可愛《かわ》いや　別れのつらさ」というあの歌が、トルストイ原作による宗教劇『復　活《ヴアスクレセーニエ》』の主題歌であることは周知の事実だ。

それらの作品をこよなく愛好しつつ、私たち日本人は、つねに「洋魂抜《ようこん》き」で西洋文化を受け入れてきたのではあるまいか。

しかし、私たちはいますでに、赤ん坊のように無邪気《むじやき》に「猿真似《さるまね》」を続けているわけにはいかない。いや、赤ん坊という存在すら、じつは相当な邪気をはらんだ生きものだと認めなければならないのだ。

和魂《わこん》は、はたして洋才と一致しうるのか。日本人は、キリスト教の信仰とどこまで共生できるのか。韓国はすでに、かなりの部分で洋魂を受容した社会である。

なぜ、キリスト教的風俗を大好きな日本人の大部分が、かたくなにキリスト者となる道をこばむのか。

なぜに、私は聖書に深い感動をおぼえながら、いまだにブッディストなのか。

とりあえずまったく無智《むち》の立場で、キリスト教とその歴史について知り、語りあうことから始めなければならないだろう。

今回、森一弘さんという、たぐいまれな開かれた信仰の持主と出会うことができたのは、私にいわせれば「他力のはからい」であるような気がする。これほど乱暴で無智な質問者に、笑顔で篤実《とくじつ》に答えてくださったことを、一つの奇蹟《きせき》のように感じないではいられない。

さて、森さんとの対話のなかで、見えなかったどんな世界が見えてくるだろう。はじめて異国に旅立つ若者のように、われにもなく心が震《ふる》えるのをおぼえるのだ。

神の発見　目次

第三章　神の裁《さば》きの謎

第六章　一神教の謎

第七章　祈りの謎

第八章　女性信者の謎

第九章　日本人とキリスト教の謎

第一章
聖書とキリストの謎

つい先日、北欧を訪れて、いろんな書店を見てまわった。ヘルシンキの有名なアカデミア書店で目についたのは、例の『ダ・ヴィンチ・コード』のメイキング・ブックともいえる豪華本である。この宗教ミステリーともいうべき作品は、ついにエンターテインメントの枠《わく》をこえて、いまや世界的なカルチュアショックの波をつくりだしたかのようだ。

森さんとの対話の冒頭から、俗な話になってしまったが、ある意味でそれは、失礼にあたることでもないように思う。宗教というものは、つねに「選ばれた少数者」よりも、「ふつうの多数者」を相手にするものだからである。おそるおそる話を切り出した私に対して、森さんはあくまでリラックスして、率直《そっちょく》な言葉を返してくださった。とはいうものの、やはりキリスト教に対する基礎的な理解をもたない私にとって、かなり難しく感じる部分がないわけではない。この章を皮切りに、その辺をひとつひとつ解きほぐしていこうと、ひそかに心に誓《ちか》う私であった。

語り合いながらあらためて感じたことは、こういうことだ。

キリスト教についてたずねることは、それ自体、自分が仏教について抱いている素朴《そぼく》な疑問を、鏡に写しだすように照らし返すことではないか。

私がキリストの生涯について問うことは、すなわち釈迦《しゃか》の生きかたを確かめることにつらなる。

そんなおおげさなことでなくとも、私たちが日ごろ何気《なにげ》なく触れている音楽や美術、文芸作品などのすべてが、なんとなく別ものに見えてくるような実感があった。

最初はジャブの応酬《おうしゅう》のつもりだったのが、いきなり接近戦になったような戸惑《とまど》いもないではない。もう一度、息をととのえて仕切りなおさねば、と思いつつ話はずんずん進んでいく。

『ダ・ヴィンチ・コード』は真実か？

五木 アメリカではいま、イエス論とか、キリストの本というのが、ブームになっているそうですね。

森 ええ、そのようです。なにしろタイトルに、イエスという名がつくだけで、ベストセラーといわれるくらいですから。

五木 そうですか。多くの日本人の認識と同じように、イエスがファーストネーム、名前で、キリストがサーネーム、姓と勘《かん》違いしていましたけれど、違うんですってね。

森 はい、違います。（笑）

五木 イエスは固有名詞で、人の名前。キリストというのは、イエスにつけられた称号で、神から送られてきたメシア、救い主という意味なんだそうですね。だから、イエス・キリストというのは「救い主として送られてきたイエス」ということになる。

森 ええ。『新約聖書』では、キリストという尊称《そんしょう》のほうに「主」、「人の子」などといった言葉がつけられています。

五木 基本的な質問ですが、『新約聖書』と『旧約聖書』がありますね。クリスチャンのかたは、両方とも研究されて、生きる指針となさっているんですか。『旧約聖書』は、ユダヤ教も、イスラム教も聖典とされているそうですが。

森　ただし、ユダヤ教は、キリストをメシアとしては認めない。『旧約聖書』は、キリストの出現に向かい、キリストの出現において完結するというのが、キリスト教の教えです。キリストの出現以後が「新約」の世界。

キリストは預言者《よげん》の一人で、神の働きはマホメットで完結する、というのがイスラム教だと理解しています。

五木　ほう。話は飛びますが、最近の世界的ベストセラー『ダ・ヴィンチ・コード』（角川書店）という本がありますけど、私のような門外漢《もんがいかん》は、それこそ興味本位で読んだんですが、あの本は、イエスを「神の子」としてではなく、肉体をもった「人間の男性」として描いています。お読みになりましたか？

森　はい。

五木　あれはミステリーですが、キリストの隠された一面が浮き彫りにされていて、上・下巻を一気に読んでしまったんですが、どんな感想をもたれましたか？

森　美術や歴史について、謎めいた解釈をふんだんにちりばめた、ある意味では、好奇心を満たすミステリーとして楽しみました。どこか、映画の「インディ・ジョーンズ」につながる面白《おもしろ》さというか。

五木　ああ、なるほど。ダ・ヴィンチの「最後の晩餐《ばんさん》」には、秘密が描《か》きこまれている。これまで、キリストの十二人の弟子《でし》を描いたといわれている人物の一人が、じつはマグダラのマリアで、この女性である弟子が、とくにキリストから愛されていた。このマグダラのマリアに、鋭い批難の眼《まなこ》を向けているのが、教会の礎《いしずえ》をつくったペトロであると。あの人物が女性だ（＊カバー参照）といわれると、もう女性にしか見えなくなるから不思議ですね。（笑）

森　聖ヨハネ、といわれているんですが。

五木　そうですか。そして、隣りにいるペトロは、本当に鋭い目で、この人を見ている。これも、憎悪のまなざしとしか思えない。（笑）

でも、これは『ダ・ヴィンチ・コード』の物語の基本の対立で、キリスト教の教義には、昔から、母性原理と父性原理があり、主導権を争っていた。ペトロが男（父）性原理の教会運営をしていくなかで、マグダラのマリアに象徴される女（母）性原理は迫害を受けて、陰に隠れていくというように理解したんですが。

森　美術に関する知識は、私にはまったくないので、「最後の晩餐」に、そんな秘密が隠されているのか、わかりませんが、『ダ・ヴィンチ・コード』には、おっしゃるような作者の問題意識があるようです。

五木 当時のユダヤ人社会は、男尊女卑《だんそんじょひ》だったのでしょうか。

森 ユダヤ人社会もそうですが、当時のローマ、ギリシャ社会のメンタリティーの影響だと思うんです。教会は、誕生当時から、男尊女卑、男性優位でした。そのころの指導者の一人パウロは、いま読むと女性が怒りだしかねない、すごい書簡を書いているんですよ。

五木 ほう。

森 「女性は静かに全き従順を学ぶべきです。女性が教えたり、男の上に立ったりするのを私は許《ゆる》しません。むしろ静かにしているべきです」(『新約聖書』「テモテへの第一の手紙」2の11)とか、「すべての男の頭はキリスト、女の頭は男、キリストの頭は神」(「コリント人への第一の手紙」11の3)ということを書いているのです。

五木 いまの社会では、性差別とかいって訴《うった》えられそうだな。(笑)

森 たしかに。(笑)こうした男性観、女性観のもとに、男性中心の教会運営、方向性が定められていったんですね。この事実はだれも否定できません。神学も時代の影響から逃れられませんから、男女の真のパートナーシップが、どういうものなのか、深めないいままにきてしまっているんです。『ダ・ヴィンチ・コード』の作者は、ヨーロッパの教会の深層にうずいている、闇の部分を吸い上げて、問題提起をしたといえます。

五木　テレビの特番を観《み》ていましたら、南フランスには、マグダラのマリアの聖堂とか、マグダラのマリアが修行したという岩屋《いわや》などがあって、人びとの信仰を集めている。そこにはどうも、ヴァチカンを中心にしたキリスト教会とは違った信仰があるみたいに感じたんですが。ヴァチカンが正統としたら、なにか異端《いたん》というか、人目を避けて守ってきたといった感じがしたのです。

森　マリア・マグダレナが、南仏やスペインまで行ったということは、初めて知りました。単なる伝承なのか、歴史的事実として検証されていることなのか、わかりませんが。

五木　日本にも、キリストがやってきて住んだ、という伝説がありますね。(笑)

森　ええ、その手のものなのかどうか、わかりませんが。ただ、マリア・マグダレナが、山奥の岩屋にこもって修行したという事実は、ありえないと思いますよ。歴史的背景を考えると。

五木　ほう。それはどうして?

森　そもそも、キリストの教えによる救いは、個人の修行ではなく、キリストに出会い、キリストに包まれることにあったのです。ユダヤ教の伝統のなかにも、修行という概念はありません。キリスト教の歴史のなかで、修道者たちが現われて、岩穴にこもって修行しはじめるのは、三、四世紀になってからです。

五木 そうなんですか。キリスト教会には、キリストの血統を守るシオン修道会とか、キリストの遺体を包んだ布にキリストのデスマスクが映し出されているという、トリノの聖骸布《せいがいふ》の話とか、いろいろな伝説があるようですが、そういう伝説が、なにかのきっかけで、世のなかに出てくるということは、いままで何度もあったことなんですか?

森 キリスト教というより、カトリック教会ですね。人間は非常に弱いものですから、形にこだわり、形にすがろうとする傾向がありますね。中世に生まれたといわれる聖杯伝説なども、キリストの救いの本質から考えれば、まったく意味のないものですが、一般大衆の心情を楽しませ夢をかりたてる物語としては、意味があったのではないでしょうか。

五木 私もそう思います。正統を守るあまり、その周辺の雑多なものを切り捨てると、原理主義に陥《おちい》ってしまう危険性があるというのが、私の考えなんです。そのことについては後で、じっくりお話ししたいのですが。

森 ええ。教会も、正統な教義や信仰に、明らかに反するものでない限りは、民間の信仰伝承、伝説には目をつぶるというか、関与しなかったと思いますよ。

五木 さすが、賢いやり方というか。(笑)

森 そういう太っ腹なところがありますね。カトリックには。(笑)

性を超越するまなざし

五木 ある宗教関係者が、「もしキリスト教がイエス教だったら『ダ・ヴィンチ・コード』の衝撃は大きいけれど、キリスト教は教祖のいない宗教だから、びくともしない」といっているのを聞きましたが、私は最初から、イエス・キリストを神の子と思っていなかったからうかがうんですが、キリストって何人《なにじん》なんですか。本によって、いろいろ書いてあるんですよ。

森 ユダヤ人でしょう。

五木 ああ、そう考えていいんですか。レバノン人とか、パレスチナ人とか、本によって違うんですけど。

森 やっぱりユダヤ人でしょうね。

五木 ふーん。ユダヤ人なんですね。世間の人たちのなかには、キリストを陥《おとし》れたのはユダヤ人で、ユダヤ人はキリストを十字架につけたのだから、キリスト教徒やナチに迫害されて当然だ、というふうに思っている人もいるかもしれない。

でも、キリストを十字架につけた人たちと、キリストは同胞だったことになる。ユダヤ教のなかの、新しい体制改革というか、いろんな形での革新運動のようなことを言い出したために、迫害されたわけですね。

森 大筋《おおすじ》、そういうことですね。

五木 ブッダは、ブッダであるけれど、人間であるといっても、仏教界の内部から批判はされない。キリスト教の世界では、キリストは人間であるというのは、危険な発言なんでしょうか。

森 いえ、とくべつ危険な発言ではないでしょう。キリスト教は、キリストを、苦しむことも、悲しむことも、喜ぶこともできた、真《まこと》の人としてとらえています。キリストはマリア・マグダレーナと恋をしたとか、性的関係をもったんじゃないかというような話が、まことしやかに語られていますが、それは、下種《げす》の勘《かん》ぐりというか……。

五木 『ダ・ヴィンチ・コード』は、そこから出発している。

森 そうですね。人間存在の悲しみや、痛みに共感する心が深まると、女性を異性として見るというより、もっと深いところを見るようになる。だから、なんでもかんでも性衝動に結びつけて考えるのは、どうかと思うのですが。

五木　なるほど。

森　キリストには、人間に対する深い優しいまなざしがあり、男女を問わず、出会った人を洞察《どうさつ》する力があったんだろうと思います。『ダ・ヴィンチ・コード』の作者の臆測は、性的欲望に翻弄《ほんろう》される、未熟な、われわれ人間の気持ちを投影しているという意味ではわかりますが、事実とは異なりますね。

五木　仏像がありますね。多くは中世につくられるんですが、薬師如来《やくしにょらい》とか、悲母観音《ひぼかんのん》とか、女の人みたいに見えるときもあるけれど、仏身というのは、男でも女でもない。異性間を超越しているんですね。

森　それは、私もよくわかります。

五木　そういう性を超越した存在ということと、もう一つ、「神の子」という考えかたは、そこから、どんなふうに発展して出てくるんでしょう。

森　「神の子」という表現には、いろいろな意味があります。『旧約聖書』のなかでは、神の子という場合は、神から選ばれたという意味が強く、王たちが神の子といわれていた時代もあります。

五木　ほう。

森　『新約聖書』になると、キリストが神の本質を持つ神である、という意味が出てきますが、キリストの生きかたや役割をあらわす場合もあります。

五木　ああ、そういう意味なんですか。

森　たとえば、「あなたがたが、天の父のように人をゆるし、愛するならば、あなたがたは、神の子と呼ばれるだろう」という表現もあります。

五木　なるほど、なるほど。仏教でいうと、それは門徒《もんと》の「徒」という字を当ててもいいぐらいのことなんだろうな。

森　ええ。内側の生きかたそのものが、さっき言ったような、人に対する優しさや、いつくしみに満ちていれば、それは神の姿だろう、あるいは、神の命《めい》を受けて生きているはずだと、そういうつかいかたがあるわけです。「神の子」という表現には。

五木　わかります。

森　のちに、教義が確立していくにしたがって、神の子というものが、神の本質を持つ存在という意味に、アクセントがうつっていく。

五木　「神の国の住人」という言いかたもありますよね。浄土真宗《じょうどしんしゅう》では浄土に迎えられる、浄土に生まれるといいますね。「菩薩行《ぼさつぎょう》」という言葉があって、人のために一生懸命《けんめい》、身をつくすのが菩薩なんです。菩薩はまだ仏さんじゃないんですよね。仏になる一つ手前の段階なんです。仏ではないがただの人でもない。キリストは、人間であると同時に、神のしもべというか。

森　「神の子」には、神の世界、神の光を伝え生きる「証《あか》し人」という意味もあります。

五木　神の国や、神の存在を証明する人ですね。そしてそれは、キリストだけでなく、ほかの人びとも、そういう役割を担《にな》えると考えていいんでしょうか。

森　そうですね。

五木　キリストの愛というものに、自分たちがすがり、それを信ずることによって、私たちも神の国の住人になれるだろう、と考えればいいわけですね。

森　そうですね。「あなたがたも、神の子になる」というのは、そういう意味です。

五木　ああ、なるほど。でも、そういうふうに考えるのは、かなり進んだ考えかたじゃないでしょうか。

森　いや、聖書を素直《すなお》に読めば、そうとらえることができるんです。

五木　ふーむ。

森　のちになって教義を確立していく段階で、専門用語が使われるようになり、解釈がむずかしくなってしまったのです。

イエス・キリストの人間宣言

五木　磔刑《たっけい》場で「エリ、エリ、レマ、サバクタニ」(神よ、なぜ私をお見捨てになったのですか)と、最期にキリストが言ったという有名な箇所《かしょ》が聖書にありますね。これは、さて、どう解釈すればいいんでしょうか。

森　それは、絶望の極地に立った、ということじゃないですか。キリストが、人びとの地のなかに身を置いたということの、究極のしるしとしてとらえていいと思います。

五木　人間宣言といいますか。

森　そうなりますね。

五木　人間の最も悲しい立場を、自分が、地上のほかのだれよりも知っているという……。

森　人間であることの、なによりの証しですね。

五木　なるほど。そう考えればよくわかりますね。そういわれてみると、キリストの生涯は、結局、生まれから育ちから、最後まで、人がこの世で出あういちばんの悲しみというか、つらい思いを味わいながら、歩んできたようにも思えます。

森　でも、それは「マタイの福音書《ふくいんしょ》」のキリストの姿であって、「ルカの福音書」では、別の面が強調されています。「ルカ」では、死ぬときも、落ち着いて死んでいるし、自分の脇《わき》にいる盗賊《とうぞく》に、安心しなさいと希望を与えている。自分を十字架につける人のために、この人は何をしているか知らないから、ゆるしてあげなさいと祈ってます。余裕《よゆう》がみられます。人間を包みこむ、キリストの優しさを伝えようとしている。

五木　そうですね。私は、昔からキリスト教がうらやましかったんですよ。聖書はいいなあ、『新約聖書』と『旧約聖書』と二つしかないからと。仏教のお経なんか、無限にあって、とてもじゃないけど全部は読めません。（笑）

ブッダがこう言った……と書けば、みんなお経になってしまう。昔は、それをそのままブッダの声として、聞いていた時代もあったんでしょうが、ブッダが亡くなって、ずいぶん経《た》ってから、お弟子《でし》さんたちが集まって、いろいろ協議してできたお経は、ひょっとしたら、ブッダの肉声とかけ離れてしまっているのではないか、と考えているのです。ですから、五百年以上経ってから書かれたものは、ちゃんと作者の名前を書いて欲しいと思う

くらい。作・誰だれとね。(笑)
その点、聖書はすっきりしていて、そんなにたくさんというほどないでしょう。
森 いいえ、たくさんあるんです。
五木 え? あるんですか。
森 『新約聖書』として、十把《じっぱ》一絡《ひとから》げになっているけれども、使徒《しと》たちの手紙もはいっていれば、キリストの生涯を語った四つの福音書も、それぞれ独自の視点をもっています。「旧約」は「旧約」で、それぞれ内容が異なります。
五木 私どもが旅へ出ますと、ビジネスホテルのベッドサイドスタンドの下や、椅子《いす》の下に、聖書が一冊ありますね。お経だったら大変だ。
森 そういう意味では、たしかに。(笑)
五木 とりあえず、われわれは頭のなかでは、そういうものの、アンソロジーではあろうけれども、一冊にまとまっているもの、それを「新約」とよび、もう一つの古い物語を「旧約」と考えている。
お経というものには、よく偽経《ぎきょう》といわれるものがあるんです。偽《いつわ》りの経、でっちあげだといわれるもの。しかし、お経の成立過程を見ると、ときに偽経と真経《しんきょう》の差ってあるんだろうかと思ったりもしますが。

意外とネクラな聖書のメッセージ

森　『新約聖書』の四つの福音書《ふくいんしょ》だって、偽典《ぎてん》といわれるものが、たくさんあるんですよ。

五木　そうなんですか。

森　「ペトロの福音書」とか、「ヤコブの福音書」とか、「トマスの福音書」とか、そういうものが残ってます。発掘されて出てきた。

五木　そういえば、『ダ・ヴィンチ・コード』には、「マグダラのマリアの日記」があるとか書いてあったなあ。

森　残念ながら、見たことがありません。(笑)

五木　さきほど、「マタイの福音書」と「ルカの福音書」では、描かれているイエス像が違うとおっしゃいましたが。

森　ええ。たとえば四つの福音書の出だしは、みんな違うんです。「マルコの福音書」では、イエスをいきなり、荒れ野に登場させている。「ヨハネの福音書」は、はじめに御《み》言葉《ことば》があったと、キリストを言葉として紹介する。「マタイの福音書」だと、キリストの系図をまず語り、そのあとに残酷なヘロデの支配する時代に生まれて、そのために赤ちゃんたちが殺されて、母親たちは嘆《なげ》き悲しんだというエピソードが語られます。「ルカの福音書」は、キリストの誕生によって、人びとのあいだによろこびが拡がっていく様子を語ります。

出だしを見ただけで違いがあります。キリストが、救い主であることを伝えようとする点においては、同じなのですが……。

五木　「マタイの福音書」は、キリストの誕生によって、この世が不幸になったというニュアンスがあるようですね。

森　キリストが生まれたために、幼児たちが殺されたというエピソードは、考えてみるとおかしな出だしですよね。常識的にいえば、キリストが誕生したために、白い鳩がきたとか、楽しいことがあったとか、母親たちはよろこんだ、という物語にしたほうがよいと思うはずですが……。

キリストも、ヘロデに抵抗することもできず、エジプトに逃れていく。そういうキリストを描いて、それがメシアなんだよ、という視点の背後に、キリスト教の謎と秘密が隠れているはずです。

五木　キリスト教というと、ふっと思い出すのは、ピエタの像。あそこには、ほんとうの悲しみというのが強く渦巻《うずま》いているように見える。仏教にも、悲母観音《ひぼかんのん》があります。そう見ると、ともに根底には、世の中は理想どおりに、人が望むとおりにはいかないんだ、というメッセージがこめられているように思えますね。この世には、暗い影のような悲しみとか、ネガティブなものがたくさんある。そういうところから出発しているような感じがするんですね。

　ですから、人びとが、神とか仏とかひっくるめて、宗教というものにふっと心をひかれたりするのは、世界に悲しみが充満しているときだ、と思います。

森　ええ、まさにそのとおりですね。

五木　取材旅行で、スペインやポルトガルを車で走っているときに、町々の広場などに十字架にかけられたキリストの、巨大なモニュメントが立っているのをよく見かけました。手や足に釘《くぎ》が打たれて、血が流れていて、それを見るたびに、日本人の若いスタッフたちが「もうダメ、もうついていけない」などというんですね。キリスト教は、あそこからはじまるのか、苦しみからはじまるのか、と畏《おそ》れをおぼえる。そこで、仏教の場合も、表現は穏《おだ》やかだけど、基本的には悲しみとか苦しみから出発するんだよ、と話したのですが、そもそも、そういうものがこの世のなかにまったくなければ、神様も仏様もありえないんじゃないか、と思うんですよ。

森　お金の上に立った人生もあれば、地位に、権力に依り立った人生もあり、健康に依り立った人生もありますね。でも私は、そういう支えさえも、すべてはぎ取られたときの人間の、本当の慟哭《どうこく》というものがあってはじめて、人間の真実にたどりつけるし、そこで本当の救いの意味がみえてくるのではないか、そういうラジカルなものが、キリストの十字架像のなかにこめられているのではないか、と思います。

五木　いや、ほんとにそうですね。

森　キリスト教の中心になるのが、十字架と復活です。この中心となるものを、本当に身をもって体験しているのは、当時、社会の底辺で差別されて、呻《うめ》いていた女性たちなんです。それまで女性たちの名前は、男たちの背後に隠れて、断片的にしか表に出てきませんでしたが、キリストが十字架につけられた場面では、女性たちの名前が明確に出てきます。女性たちは、十字架に磔《はりつけ》られるキリストから、離れられない存在になっていたのですね。

ところがその場面で、のちに指導者となる男たち、ペトロなど弟子《でし》たちは、みんな逃げてしまう。そしてユダヤ人を恐がって、怯《おび》え、隠れている。逆に社会的に、人間的に、痛めつけられていた女性たちが、十字架のもとにとどまり、復活を真っ先に体験しているのです。

五木　なるほど。女性のほうが、ものごとを感情的にとらえるので、自分の身の安全などといったことを、ポンと乗り越えてしまう。

人間が神や仏に飛躍していく瞬間

森　聖書を読んで、われわれのこころに響いてくるのは、偉い人のエピソードじゃなくて、たとえばマリア・マグダレナとか、姦通《かんつう》の現場を捕らえられた女性の話とか、苦しみ悲しむ人びとのエピソードです。そうしたエピソードが、豊かな光を伝えてくれているのです。

五木　なるほど。

森　弟子たちがなにか残して、われわれを感動させたというエピソードは、聖書にあまりないんです。男たちは、のちに教会のリーダーになっていきますが、彼らは、人びとの前に立つ前に、こういう女性たちのところに行って、キリストのことを学ばなければならなかったのではないかと、私は理解しています。

弟子たちは、彼女たちとキリストとの出会いを、くわしく聞いて、キリストを深く理解できるようになったのだと思うのです。この世の底辺に生きている人たちを支えた、キリストのなかに、真の光があるように思います。そういう人たちの体験こそ、教会の土台、そして生命《いのち》だと思うのです。

五木 私もまったく同感です。しかし、そうでありつつも、寺とか仏像とか、ある儀式や祭礼と一体になっているものを、民衆がおのずと求めるところがある。そういうところを、どう考えていくか、ということがあるんですよ。

いままでのお話を整理すると、人間イエスは、人びとの、とくに世のなかの底辺で苦しむ人たちの悲しみ、苦しみに寄りそいながら、愛の教えを説き、当時のユダヤ教社会の宗教的指導者と真っ向から対立し、ついには、十字架に磔《はりつけ》られて死んでいった、ということですね。

森 ええ。当時のユダヤ教の社会には、「神は罪人をきらわれる。罪人と交わるものは穢《けが》れる」というメンタリティが支配していました。そんななかで、イエスはつらい人生を歩んでいる人たちを、見て見ぬふりをすることができなかったのだと思います。たとえば穢《けが》れているとみなされていた、収税人マタイに声をかけ、彼らと会食をしたり、律法学者たちが見守っているなかで、絶対侵《おか》してはならないと思われていた、安息日《あんそくにち》の掟《おきて》を破り、あえて病人を癒《いや》したりしました。イエスが十字架に磔《はりつけ》にされたのは、硬直した「神」という概念にこだわり、人間への温かなまなざしを失ってしまっていた指導者たちを、真正面から糾弾《きゅうだん》したからなんです。

五木　守旧派にとっては、イエスは自分たちの痛いところをズバズバついてくる、憎らしい若僧《わかぞう》だったんですね。その人物が死んで、すべてが終ったと思ったら、今度は、死者のなかから復活した。そして、弟子《でし》たちをひとつにまとめて、やがてそれが、キリスト教という、世界に広がる教団となっていく。

森　ええ。

五木　私はブッダにしろ、イエスにしろ、人間としての肉体をもって生きた人物が、ある時点から、神や仏に飛躍していくという瞬間に、興味をもっているんです。

たとえば、釈迦《しゃか》という、釈迦族といわれる人びとのなかにプリンスがいた。二十九歳のとき、彼は現実生活に飽きたらず出家《しゅつけ》して、ある直観的な理解を得て、悟《さと》りを開いた。真実を悟った人という意味で「ブッダ」と呼ばれる。だから、ブッダは彼のほかにもたくさんいるわけです。彼はそのなかで、釈迦仏陀《ぶつだ》、ゴータマ・ブッダといわれ、その人が釈迦如来《にょらい》とされて、いま偉大な仏になっている。

釈迦が八十歳で亡くなるまでの生涯は、わりと正確にたどれるんですね。いろんな幻術的なこともやっていれば、最後は、豚肉の腐ったのを食べて死んだというわけだから。

(笑)

森　中毒で亡くなった?

五木　ええ。その人が仏さんになるという、その飛躍はなんなのだろうと思うんです。つまり孔子《こうし》とか孟子《もうし》は、孔子廟《びょう》、孟子廟というものが、民間信仰のなかにありますけれども、あくまで、学者とか思想家としてとらえられているわけですね。ソクラテスもプラトンも、神ではないですよね。ところがブッダやイエスは、神と人間との境目、そこを飛び越えている。ゴータマ・ブッダというすばらしい人物が、絶対の仏になる飛躍と、イエス・キリストというあわれみ深い人物が、神の子として人間から離れる瞬間に、何がおこったのか。

それは、人類のこころに抱く、夢なんでしょうか。願望なんでしょうか。希望なんでしょうか……。

森　大自然の輝きというか、汚染《おせん》されていない自然の美しさは、神のいのちの反映としてとらえることができますね。それと同じように、キリストのなかに神の輝き、いのちが充満し、それが人びとを救ったと考えたらどうでしょう。

五木　お経を唱《とな》えるときの、ナームアミータ、アミターユス、アミターバというサンスクリットの言葉は、無限の時間と広がり、無限の生命、無限の光明《こうみょう》という意味ですが、そういうものが、ブッダやキリストのなかに射《さ》してきた。そのために、偉大な光や力を体現した存在となったと。

森　そういうイメージでしょう。それを合理的に説明しようとすると、哲学論争になって話が難しくなってしまいますが、もっと素朴《そぼく》に考えればいいんじゃないかなと思うんですね。

五木　キリストの場合は、ユダヤ社会のなかで生きてきたから、人びとのあいだにはメシア待望論がずっとあった。そして、光輝く青年イエスと出会ったとき、人びとは彼のなかに、約束されたメシアの影を見つけて、そのあとについていった。こうしてナザレの大工の子が、メシアとなっていったと。

森　そうでしょうね。でも、そこにとどまらなかったのですね。キリストのなかに、人間というだけでは説明しきれないものを、人びとは感じたと思うんです。キリストが、初対面の人に向かっても「あなたの罪を許《ゆる》す」と言っているのは、当時の人びとにとって、すごくショッキングなことだったと思います。また、自分には奇蹟を起こすことができるという、キリストの自覚も、通常の人間では持ち得ないものです。キリストのなかには、人間の常識では考えられないものが生きていたと思うんです。

五木　なるほど、よく弘法大師《こうぼうだいし》さんは高野山《こうやさん》の奥の院で、いまも生きつづけているといいますね。クリスチャンは、キリストは、いまも生きつづけていると……。

森　そう。理屈では説明できないような力というか……。

五木　そうすると、奇蹟というのは、どういうふうにお考えになりますか？　超自然的な力でしょうか。

森　私は、奇蹟は起きないとは、絶対いえないと思います。

五木　処女マリアの懐胎《かいたい》の問題にしても、ふつう科学的にいえば、それはあり得ない。

森　あり得ないですね。

五木　だけど、あり得るという……。

森　神だったら、可能だろうということでしょうね。

五木　神だったらということは、超自然的なものを、そこに認めるからでしょう。

森　そうですね。

五木　そこのところを『ダ・ヴィンチ・コード』は、リアルに反応しているから、多くの人に読まれたんでしょうね。作者はキリストを人間としてとらえ、だからマグダラのマリアとも関係をもったと。（笑）

森　そうですね。

五木　森さんは、それを下種《げす》の勘《かん》ぐりだとおっしゃる。（笑）逆に、キリストを神の子と考えれば、奇蹟も否定しない。ルルドの御出現《ごしゅつげん》だとか、秋田にある涙を流す聖母とか、いま奇蹟といわれているものが、いろいろあってもいいと。（笑）

森　そうですね。教会は、明らかに疑わしいものには、はっきりおかしいと言っていますが、そうでないものには、沈黙している。それこそ、さっき五木さんがおっしゃったように、一般の人たちのこころが、どう動くか、そちらを大事にする。ですから、奇蹟の可能性を否定しないのです。

五木　人びとが、その物語を熱烈に求めれば、それは存在する、と考えたほうがいいわけですね。

森　教会は、よほどおかしいぞと思わないかぎり、介入しませんね。

第二章

神との出会いの謎

仕切り直しのつもりでのぞんだ第二回は、思ったとおりに自然に話が展開していった。

いったいどんなきっかけで入信することになったのか、そしてどんな勉強や修行をされたのか、森さんは私の素朴《そぼく》な質問に丹念《たんねん》に答えてくださる。

そうだ、この話を最初にすればよかった、と後悔《こうかい》するけれども、もうおっつかない。こうなればとことん個人的な話に徹しようと覚悟をきめた。

カトリックの聖職者は、なぜ結婚を許《ゆる》されないのか、などという質問にも、森さんは誠実に答えを返してくださる。しかし、どうしてもよく納得できないところが残るのも当然だろう。

はじめて、僧として公然と妻帯《さいたい》した親鸞《しんらん》の例などを持ちだしたのも、そのせいかもしれない。

少年時代の森さんが、アメリカ占領軍のキャンプで感じた違和感は、私のなかにも今でも色濃《こ》く残っている。ほとんど同じ六〇年代に外国に旅立ったことを知って、なんとなく同期生に出会ったような親しみをおぼえた。

静岡の禅寺で修行されたこともあったというお話には、びっくりした。そんなさまざまな遍歴《へんれき》のあとに、教会にたどりついたことは、大きなことだと思う。

「人はパンのみにて生きるにあらず」

という言葉から、

「人が生きるにはやはりパンも必要だ」

という逆転の真理を、さらりと口にされる森さんに、一本取られたような気がした。なるほどそうだ。しかし、これをキリスト者の口から聞けばこそ、真実味が感じられるのである。

聖と性のことは、またどこかでしっかりおたずねしてみよう。

なにも持たずにローマへ

五木　森さんと私は、だいたい同時期に、シベリア鉄道で大陸を渡り、ヨーロッパに行ったんじゃなかったですか?。

森　私は、一九六八（昭和四十三）年にローマから帰ってきましたが、そのときはシベリア鉄道でした。じつは、行くときは船だったんです。五木さんは、いつごろいらしたんですか。

五木　六五（昭和四十）年です。一般の人の渡航が自由になったのが、六四年の暮れですね。それまでは政府の人とか、フルブライトの留学生でないと、外国へ出られなかった。それが、どんな人間も行けるようになったもんだから、さっそく飛び出していったんです。ほとんど同じ年、同じ時期に、建築家の安藤忠雄《あんどうただお》さんも、同じコースで放浪者として出かけている。ほかにも、いろんな人がその時期に外国へ出ましたね。私はシベリアからモスクワ、当時のレニングラード（現サンクト・ペテルブルク）、国境を越えてヘルシンキに出ました。そのころ、海外へ行くということは、大冒険でしたね。

森　持ち出すドルというか、外貨も決まってましたね。

五木 ええ。たしか、ひとり十万円前後じゃなかったですかね。その当時、一ドル三百六十円が公定のレートで、足りないんで闇で買うと、一ドルが四百円なんです。安藤忠雄さんは、家族と水盃《みずさかずき》をして出かけた、と話してましたから。(笑)

森 ええ。私のおふくろもそうでしたよ。一九六二年ですけど、横浜から船で行くといったら、奴隷《どれい》船に売られて行くんじゃないかって、心配して見送ってました。(笑)

五木 私はソ連の「バイカル号」という名前の船で、横浜からナホトカ航路です。その当時は、ロマンティックでしたね。テープが飛んで、ドラの音が聞こえて、バンドがロシア民謡の「ともしび」とか、そういう音楽を演奏して……。いまのようなデジタルな時代とは全然違う。

森さんは、ローマのどちらへお行きになったんですか。

森 ローマの修道会、神学院です。現地のローマの修道会が生活を保証するという証明書を、日本で出してもらって就航しました。

五木 身元の引受けはどこですか?

森 カルメル会という修道会です。お金は一銭も持ってなかった。

五木 えっ?　持っていかなかったんですか?

森　私には渡されなかったんです。当時、修道会は、お金を若い者には出さないんです。いっしょに行った司祭が、すべて面倒をみてくれた。

五木　ほう。

森　船で、一ヶ月くらいかかって行きますとね、三日めごとに、香港とか、シンガポールとか、サイゴンとか、どこかに泊まりますよね。みんなが降りても、私だけ降りないで、いってらっしゃいって。お金がないもんだから。(笑) そういう時代でしたね。

五木　振り返ってみると、大変な時代でしたけど、日本の青春っていう感じの時代でしたね。ヨーロッパや外国に、なにか夢があると思いこんでいた時代ですから。そうですか、それじゃ、森さんのローマ行きは、昔の少年使節団みたいなものだったんですね。

森　いえ、そんな偉いもんじゃないですけど。(笑) 当時の日本では、神学というかキリスト教が十分に育っていませんでしたから、修道会は、とにかく全員を向こうの伝統文化のなかで育てようとしたのです。

五木　四十、五十になって行くのと、若いとき行くのでは、全然違いますから。

森　はい。私より一世代上の人たちは大変でしたね。私たちの世代と違って、彼らは日本文化の素養、基盤がありますから、ヨーロッパ文化のなかで育ったキリスト教と、真正面からぶつかりますね。ぶつかって、心理的に葛藤《かっとう》して、それをバネにして、日本人としてのキリスト教を育てよう、そういう自覚を強めたのだと思います。遠藤周作《えんどうしゅうさく》さんもそうだと思います。

五木 ああ、遠藤さんも、そうですね。で、森さんは、イタリアには何年ほどいらしたんですか?

森 六年です。

五木 日常は、イタリア語で生活するわけですよね。

森 授業はラテン語です。日常の会話はイタリア語でした。ラテン語って、いまでは死語ですけど。

五木 ラテン語というと、サンスクリットや、パーリ語みたいな、ある意味、雅語《がご》みたいなものでしょうか。ラテン語で会話などができるんですか。

森 教会用語で会話は可能です。

五木 ラテン語で「こんにちは」とか、雑談もできるんですか。(笑)

森 ええ。できる、できる。

五木 いや、ラテン語で下世話《げせわ》な話ができるとは思わなかったなあ。ラテン語というのは、もっと上品なアカデミックなものかと。

森　公式の会議なども、全部ラテン語でした。

五木　ラテン語で、ケンカもできるんですか。

森　できますよ。

人が宗教と出会うとき

五木　ところで、人が、宗教の門をたたくとき、もしくは、教団のほうから声をかけられるときは、自分の身体の調子が悪い、仕事がうまくいかない、家族に不幸がつづいたなど、人生のマイナスのときのように思います。私自身も、浄土真宗《じょうどしんしゅう》に強くひかれたのは、弟が突然亡くなったあとなんですね。

もともと、家の宗派は真宗でしたけれど、それまでは、仏壇《ぶつだん》に手を合わせたこともなければ、お経を読んだこともない生活をしていました。それが肉親の死ということに直面して、葬儀だ、法要だ、お墓をどうする、といった現実をこなさざるを得ない形で、具体的な「宗教」に出会うわけです。お寺に生まれた子どもや、特別仏心《ぶっしん》が強い人でないかぎり、だいたい私のような形で、宗教といいますか、神とか仏と出会うんではないかと思うんですよ。森さんは、代々キリスト教のご家庭で育たれたんですか？

森　いえ、私の家は、当時の平均的日本の家庭のように、神棚《かみだな》と仏壇が共存していて、祖母や母はその両方に、毎日欠かさず手を合わせていました。洗礼《せんれい》を受けたのは一九五五年、高校三年のときです。

五木　じゃあ、以前は典型的な、日本人の素朴《そぼく》な信仰ですね。そのことを、森さんに強要するわけでもなくて。

森　ええ。宗教を、生活の前面に押し出すものではなかったですね。

五木　なるほど。で、キリスト教との出会いは？

森　小学校五年のクリスマスのときが、最初ですかね。そのころ横浜に住んでいたんですが、焼け野原になった横浜には、進駐軍のキャンプがあったんです。そこのクリスマス会に、アメリカ兵が近くの子どもたちを招待してくれたんです。

五木　進駐軍のもたらした、文化としてのキリスト教ですね。

森　ええ。でもそのときは、すごく嫌な感じを受けてしまいました。そのころの横浜では、進駐軍の兵士たちの乱暴な振る舞いや、女性たちと淫《みだ》らに戯《たわむ》れる姿が日常的なことでしたから、クリスマスのときだけ招待されて、プレゼントをもらっても……と、逆に反発しましたね。

五木 偽善《ぎぜん》以外のなにものでもないと……。

森 そのときの感情を、この間のアフガニスタン攻撃を見て思い出しましたね。祖国が空爆されながら、空から援助物資を投下されるアフガニスタンの人びとの気持ちって……。

五木 耐えられないほどの屈辱《くつじょく》と、やりきれなさでしょうね。森さんの場合も、乱暴な進駐軍の兵士と、クリスマスという結びつきを、素直《すなお》に受け入れることができなかった。それがどうして洗礼《せんれい》を……。

森 私は、父のすすめによって、当時新設されたばかりの、イエズス会経営のカトリック校、栄光学園に入学したんです。そこで、カトリックと出会ったんです。

五木 栄光学園といえば、解剖学者の養老孟司《ようろうたけし》さんも卒業生ですね。

森 ええ。先輩です。

五木 そのときは、なんの抵抗もなく、すんなりと洗礼を受けられたんですか。

森 とんでもない。最初は、やはり抵抗がありました。突っ張っていたんですね。信者たちの明るくとり澄《す》まして、すべての問題に解答を見つけているような態度に、強い反発を覚えていましたね。

五木　なるほど。

森　中学、高校のころの私は生意気《なまいき》で、「人生には、もっと暗い、もっと醜い現実がある。不条理《ふじょうり》な人生に対する安易《あんい》な解答はまっぴらである」と突っ張っていたんです。私は「カトリックの服は、私には合わない」と一人で決めつけていたんです。

五木　遠藤周作《えんどうしゅうさく》さんも、日本人のメンタリティには、洋服が合わないということで、ずっと悩んでいました。

森　ええ。だけど、そのうち、突っ張っている余裕《よゆう》もないほど、追い詰められていって。おそらく私のなかに、幼いときに住居を転々とし、B29の空爆におびえ、周囲が焼け野原になっていくさまを見て、人生は、もろく、はかなく、虚《むな》しいという思いが、深く刻みこまれていたんでしょう。

五木　その、こころの空洞を、カトリックの信仰で埋めようと。

森　ええ。

五木　燃えるような、生の充実感を求めて洗礼を……。それで、洗礼を受けたあとは、心の闇というか、空洞は、神の愛で満たされたんですか。

森　おっしゃられたように「燃えるような生の充実感」を味わってみたい、という強い思いはあったのですが、それは、残念ながら、洗礼《せんれい》を受けただけでは得られませんでした。洗礼を受けるということは、キリストとしっかり結ばれることですから、こころに深い平安と、落ち着きが訪れてよいわけなんですが。それがなかなか……。

五木 「燃えるような生の充実感」というのは、それは、恋愛中の男女とか、大きな仕事を成し遂《と》げたときの喜びとかに共通した、エクスタシーのような、身体的快感をともなったものなんでしょうか。

森 そうですね。頭では、理性的に納得できるんですが、自分のこころを充《み》たしてくれる実感にはならない。それで、がむしゃらに、祈りとか、黙想《もくそう》とかにのめりこんでいきました。

五木 キリスト教の場合、洗礼を受ける、信者になるということは、仏教徒になる、真宗《しんしゅう》の門徒《もんと》になるということよりも、もっと重い意味をもつのかもしれませんね。日本人の伝統的なメンタリティのなかには、仏教文化、神道《しんとう》的要素が脈々と流れている。それをあえて避けて、新しい価値観を選ぶのですから、洗礼を受けたら、つぎの日から光り輝く人生がはじまる、世の中がばら色に見える、という大きな期待を抱くのも、無理はないかもしれません。

森　そうですね。過大な期待をもってしまうということは、私の場合だけではなく、よくあることのようです。最近の流行《はや》り言葉で言うと、癒《いや》しを求めて、洗礼を受けにくる。それで、洗礼を受ければ、すぐ癒されると勘《かん》違いしてしまうんです。でも、それが幻想であることは、すぐわかります。洗礼を受けた直後は、たしかに一種の高揚《こうよう》感で、自分がすごくエネルギッシュになったような錯覚に陥《おちい》りますが、それが過ぎると、また退屈で、みじめで、弱い自分の姿と向き合わざるをえない。

五木　キリスト教の場合、洗礼を受けると、キリストの「最後の晩餐《ばんさん》」を模《も》したといわれる、正餐式《せいさんしき》に招かれると聞いたんですが。

森　ええ。カトリックの場合、それが毎日曜日、教会で行われている、ミサ聖祭という集まりなんです。それには、どなたでも出席できますし、だれでも招かれているんです。

ただ、ぶどう酒がキリストの御血《おんち》に変化し、ホスチアという薄いパンがキリストの体に変化するとされる聖変化の儀式が、ミサの中心ですから、それで、ミサ聖祭のなかで、聖《せい》体拝領《たいはいりよう》のパンとぶどう酒をいただけるのは、洗礼を受けた者だけとなっているんです。

五木　ああ、そういうことですか。そのことを知らないで、洗礼を受けていない者が、パンとぶどう酒をいただいてしまったら、どうなるんですか。天罰が下るんですか。(笑)

森　そんなわけないでしょう。（笑）ありがたい……と感謝をしていただけば、マンネリズム化した信者の聖体拝領《せいたいはいりょう》よりは、ずっと尊《とうと》いかもしれませんね。（笑）

五木　さぞ効《き》き目があるんでしょう。（笑）

ミサの典礼という、長いあいだ研究され、計算されたひとつの儀式の流れのなかでいただくからこそ、パンは、単なる小麦粉のかたまりではなく、そこに物質界を超えたエネルギーが宿るのでしょうか。聖書の有名な箇所《かしょ》で「人はパンのみにて生きるにあらず」とありますが。

森　ええ。だけど逆説的に言えば、パンがなければ生きていけないということでしょう。

五木　まあ、そうだけれど、そう言われるとあんまり神秘的ではないなあ。（笑）

森　ミサと聖体拝領は、信仰の神秘であり、私たちを支えてくれます。しかし、どんなにミサに与《あずか》っても、自分の、弱いみじめな本質は、まったく変わっていないんですから、なんの解決にもならず、逆に洗礼《せんれい》以前より辛《つら》いこともあるんですね。一縷《いちる》の望みをかけていた洗礼でも、救われなかったと感じるときは。

五木　よくわかります。で、森さんは、自身もその気持ちを味わわれたんでしょうか。それを、どんな風に解決なさったんですか。

森　解決と言われると、いまも、同じような悩みを抱えているから、ちょっと困るんですが。（笑）洗礼を受けた時点では、私の場合、洗礼イコール司祭への道を歩むことだったから、そういう方向にすすんでいきました。もっと徹底した生きかたを求めたわけです。

五木　司祭への道というのは、神父さんになるということ、つまり聖職につくことですね。

森　ええ。

なぜカトリックの聖職者は独身なのか

五木　私はかねがね素朴《そぼく》な疑問を抱いていたんですが、カトリックの聖職者、神父さんとか、修道女といわれる人たちは、なぜ結婚しないで、高い塀《へい》で囲まれたなかで一生を送り、世捨て人のように生きるのか。プロテスタントの牧師さんは、結婚してもいいんですよね。

森　ええ。プロテスタントではね。

五木　日本の仏教でも、昔はみな、お坊さんは独身だったんです。行《ぎょう》と戒律《かいりつ》を守り、学問を修《おさ》めることで、仏に近づこう、悟《さと》りを得ようとする人たちが、高野山《こうやさん》や比叡山《ひえいざん》にこもって修行したんです。その後、各宗門の寺にはいって、僧侶《そうりょ》としての一生を歩むわけで、それを出家《しゅつけ》といいますね。

俗世間を離れ、剃髪《ていはつ》して仏門にはいるとき不犯《ふぼん》の誓《ちか》いをする。一生女性と交わらないというもので、妻帯《さいたい》をしない掟《おきて》になっていたんですが、多くの場合、それは形骸《けいがい》化されていった。親鸞《しんらん》は、その現状を嘆《なげ》き、守れない掟に縛《しば》られて、罪の意識を抱きながら生きるよりは、その形骸化された掟を乗り越えて、新しい出家《しゅつけ》のあり方を問うたんです。そして、自ら恵信尼《えしんに》を妻にし、新しい宗教者の生活を行ったんですが、カトリックの場合には、どうして結婚してはいけないんですか。

森　物欲、性欲、支配欲。これは人間が生きていくために必要な欲求ですね。そのために、また罪深い人間は、迷い、執着し、争ってしまう。独身制は、そうした欲望を断ち切ってすべてを神にゆだね、人生をキリストのように生きることを、基本的に理想としているからだと思います。

五木　森さんの場合、司祭になることに、ご両親は反対されませんでしたか。

森　洗礼《せんれい》を受けるまでは、喜んでくれたんですが、司祭になると言ったら、もう、ものすごく反対されました。

五木　そうでしょうね。仏教で、お寺の後継者としてお坊さんになるというのとは、まったく違うんですから。

森　私の両親は、キリスト教徒でもなんでもなかったから、とくに、その意義が見出せなかったんだと思います。「世捨て人になるのか、なんの不満があって自分たちを捨てるのか」と泣き崩《くず》れましたね。

五木　ある面では、大変な親不孝ですよね。

森　ええ。そのころは、自分の人生の選択しか考えられず、思いつめていましたから、親の痛みがわからなかったんです。六十歳を過ぎて、人の悲しみも理解できる歳《とし》になり、親になんと残酷なことをしたのか、あのころのことを思い出すと、いまでも胸が痛みます。

五木　いや、だけど、人間が生きていくということは、そういうふうに、意識するしないに拘《かか》わらず、他人を傷つけているものなんだと思いますよ。私なんか、小さいときからいまに至るまで、どれほどの人を傷つけ、裏切ってきたかと思うと、胸が痛くなります。

だけど、森さんからこのお話をうかがって、なにかほっとしました。司教という、立派な地位にあるかたでも、そのキャリアの出発地点では、親への裏切り、親不孝という呵責《かしやく》を抱えていらして、それがいまでも、こころの痛みとなっていらっしゃる。われわれ凡人と同じ悩み、負い目を抱えて生きていらっしゃる、と思うと、なにか安心する。（笑）

森　負い目や、呵責が多い人間だから、こういう仕事をやらされているんですよ。（笑）

カルメル修道会の日々

五木　司祭の道を歩むということは、特別な修行をなさるんですか。

森　特別な修行というものはないのですが、強いて修行と呼べるものがあるとすれば、当時、なにかと相談に乗ってくれていた恩師が、私の悩みを理解して、私に二つの場所を紹介してくれたことですね。

一つはカルメル会という男子修道会と、もうひとつは、静岡県三島にある臨済宗《りんざいしゅう》の道場で、龍澤寺《りゅうたくじ》という禅寺でした。

五木　禅寺？　そこは、ひょっとして白隠禅師《はくいんぜんじ》が開いたお寺じゃないのかな。

森　そうです。

五木　そこでお坊さんたちといっしょに、座禅を組んでいらしたんですか？

森　ええ。春休みや夏休みに一、二週間。長いときで一ヶ月ぐらい泊りこんで、お坊さんたちと同じ生活をしていました。そのあと、カルメル会という修道会にはいったんです。

五木　修道会にはいるということは、俗世間に背を向けて、囲いのなかで、神と向き合う生活をすることですよね。

森　ひと口で修道会といっても、じつにさまざまなんです。修道会の創立時期や目的、活動のありかたなど、多種多様です。たとえば、上智大学の母体である修道会はイエズス会ですが、イエズス会にはイエズス会の方法がある。

五木　日本にキリスト教を伝えた、フランシスコ・ザビエルが所属していた修道会ですね。

森　ええ。ほかにも、アッシジの聖フランチェスコがはじめたフランチェスコ（フランシスコ）修道会。それは、イエスの貧しさと、単純さを求めることを目的とした会です。

五木　なるほど。男子だけでなく、女子もありますよね。どのくらいの数があるんですか。

森　それは、神様もご存じないくらい（笑）と、よくジョークでいわれるんです。全知全能の神様もご存じないことが、この世にはある。それは女子修道会の数と、フランチェスコ修道会の財産の総額だって。（笑）

五木　ほう。（笑）フランチェスコ会は、本来貧しくあるべきなのに、いつの間にか莫大《ばくだい》な財産を持つようになったんですね。そういえば、北イタリアのアッシジのフランチェスコ教会は立派ですね。あの建物や美術品から、「貧しさ」は想像できない。で、カルメル会とはどんな修道会ですか？　イエズス会、フランチェスコ会は、歴史の教科書にも出てきて、クリスチャンじゃなくても知っているけれど、カルメル修道会ってあまり耳にしませんが。

森　パレスチナ地方に、カルメル山という山があるんですが、中世紀十字軍としてエルサレムに行った兵士たちが残り、そこで共同生活をはじめた。それがカルメル会のはじまりといわれています。『旧約聖書』に出てくる、紀元前九世紀ごろの預言者《よげんしゃ》エリアが、精神的な創立者といわれている会なんです。「生ける神の前に立って、こころの底から神の愛に燃え上がる」というのがエリアの精神ですね。

五木　具体的にはどういうことをするんですか？

森　カルメル会の生活の中心になるのは、朝夕の一時間の念禱《ねんとう》です。沈黙のなかに、神との交わりを深めることを目指すものです。愛しあう夫婦が、二人だけの時間を大切にして、愛を交わすように、神だけに集中して、神との交わりを求めていくのです。

神はどこにいるのか？

五木　初期のころの念仏に似ていますね。こころのなかで、仏のお姿や、ご慈悲《じひ》を、あたかも目の前にいらっしゃるがごとく、リアルに思い浮かべて、ひたすら阿弥陀仏《あみだぶつ》の名を唱《とな》える。南無阿弥陀仏《なむあみだぶつ》、南無阿弥陀仏、阿弥陀様に帰依《きえ》しますと、無我夢中で唱えていると、光のなかから阿弥陀様が現れて、衆生《しゅじょう》を極楽浄土《ごくらくじょうど》に導いてくださるという。でも、どうなんだろう。こういう念仏なり念禱などを一生懸命《けんめい》、いのちがけで唱えると、神に出会えるんでしょうか。

森　ええ。

五木　私は、以前に読んだ『神の歴史』（柏書房）という本のなかの一節が、強くこころに残っているんです。イギリスの宗教学者カレン・アームストロングは、カトリックの家庭に育ち、神に近づこうと思って、修道院にはいり、尼僧《にそう》として七年間過ごした女性ですが、こう書いています。

「私は修道院に入り、見習い尼《あま》になり、尼僧にさえなった。『信仰』について多くのことを学んだ。……不思議なことに、これらすべてのことにおいて、神はほとんど姿を現わさなかった」

修道院での祈り、ミサに一生懸命没頭しても、一向に、神は姿を現わしてくれなかった……この一節を読んだとき、ああ辛《つら》いんだろうなあ。この人は、神に出会おう、出会わなければならない、という尼僧としての職務として、祈っていたのか……そういう気がしたのです。

森　私にも、同じような経験がありました。修道生活にとびこみ、祈りを中心とした生活を送っても、神は現われず、こころは無味乾燥という時期が、当然のようにありました。それは、だれもが直面するものです。それに耐えることが大事なのですね。

五木　ええ。

森　初めのうちは、なにが問題なのかさえわからず、悶々《もんもん》としていました。それこそ、火をつけても燃え上がらず、煙だけを出す生木《なまき》のような状態でした。それを、カルメル修道士たちは「霊魂《れいこん》の暗夜《あんや》」と呼んでいます。

五木　生殺《なまごろ》しのような状態ですね。ただし、宗教的な信仰というものをこころに抱く人が、九死に一生を得るような大事故にあったとき、ふとだれかが自分の体を支えてくれて、かすり傷程度で奇跡的に助かったとかというように、こころが神のほうに向く瞬間が、劇的に訪《おとず》れるようなこともあると思うんです。どこかで神に出会ったとか、不可知なものと触れて、それがきっかけで改心したとか。

森　ええ。カトリックの場合、「かいしん」と言うとき、「回心」という字を当てるんです。こころを改めるんじゃなくて、こころをめぐらす。神からそれて、ほかのところに行っていたこころを、ぐるっと回すことによって、神と出会うという意味で。

五木　ああ、そのほうが、やさしい感じがしますね。

森　ええ。

五木　そういう回心の例は、キリスト教徒のなかに、いっぱいあるじゃありませんか。どろぼうが、なにかのきっかけで神の忠実な下僕《げぼく》になるとか。最近、新聞で知ったのは、ヤクザが回心して、プロテスタントの牧師さんになったという話ですが、そういう神の神秘的な体験というのは、森さんの場合、どんな風にありました？

森　私自身は、修道会にはいって、一、二年経ったころです。いまもお話ししたように、修道生活に合わせよう、合わせようと精一杯努力して、壁にぶつかってしまったときですね。心身ともに疲れ果てて、もうつづけていくことができない、と思いこんでしまった。

五木　ええ。

森　そのときは、本当に無理を重ねていました。消灯は十時ごろですが、その後も電気スタンドに毛布をかぶせて、廊下《ろうか》に光がもれないようにして、寝ないでお祈りをつづけたりとか。そんなことが重なって、心身が消耗《しょうもう》してしまったんです。お医者さんに診《み》てもらったら、胃下垂《かすい》だけではなく、腸下垂になっていて、骨盤に腸がぶらさがっている状態になっていると言われたんです。

夢のなかに現われた聖母マリア

五木　それは、白隠禅師《はくいんぜんじ》もかかったという、禅病というのと同じようなものでしょう。頭で考えすぎて、強度の自律神経失調症におちいり、重病になってしまうという。

森　そうかもしれません。ともかく、これでは、もう修道生活をつづけていくことはできないと思って、修煉長《しゅうれん》のところに「もうぼく無理ですから、あきらめます」と言いにいったんです。そうしたら、修煉長がよくできた人で、「理屈はいい。とにかく寝に行きなさい。きょうは、お祈りもなにもしなくていいから」と。朝の十時くらいでした。一切の務《つと》めを免除してくれて、「すぐ寝なさい」と言われ、自分の部屋にもどり、なにもかも諦《あきら》めて、ベッドの上に身を投げ出し、布団《ふとん》にくるまって寝てしまったんです。少し涙も流しました。きょうで、この修道会ともお別れかな、明日去らねばならないかな、と考えたりして。

五木　ええ。

森　ぐっすり眠ってしまったんですね。そして夢を見たんです。夢のなかにマリア様が出てきて、「なにも心配することはない。あとは任《まか》せなさい」と私に言ったのです。つぎの日に目が覚めたときはもう、悩みは消えてしまいました。

五木　ほーう。

森　そのあとは、もう四十数年になりますが、この道をやめようという思いは、一度も出てきません。それまで、自分の力に頼っていた生き方から、神にゆだねて生きる生き方への転換だったのだと思います。

五木　ああ。

森　修道院にはいるための動機は、いろいろありました。この世が空《むな》しいとか。でも最終的には、「ゆだねていいよ」、「まかせなさい」という、神の呼びかけを実感したことが、転機となりました。

五木　なるほどね。森さんの場合、自分が、お祈りや修道士の務めを、全身全霊で打ちこめば打ちこむほど、神が見えなくなった。そしてある極限にまできたときに、まかせなさい、ゆだねなさいという神の声と出会った。私は、それをまさに「他力《たりき》の風が吹いた」と表現しているんです。本当に他力ですね。いや、前に『他力』という本を英語にするときに、他力という言葉をどう訳すか、むずかしくて、さんざん悩みました。アナザ・パワーとか、そう言われても、なにか違う。

森　しっくり来ない。

五木　サムシング・グレートとか言っても、ちょっと……。結局、ＴＡＲＩＫＩという言葉にしてしまったのですが、ゆだねるということ。

森　そうですか。

五木　真宗《しんしゅう》の場合には、回心というか、信仰に向かおうとするとき、自分の力でやってもできないとなったら、とにかく、自分はこれしか道がないんだと、親鸞《しんらん》は考えつづけるわけです。そのなかで、親鸞の場合には、「夢告げ」という、大きな経験が何回かありますね。

森　ああ、そうですか。

大いなるものに身をゆだねる生きかた

五木　比叡山《ひえいざん》に行って、比叡山のなかでやっててもだめだ。それではと京都の町の六角堂で、百日の参籠《さんろう》というのをやる。すると九十何日目かに夢を見て、そのなかで観音様《かんのん》が、お前が自分の力で生きていけないと思うんだったら、欲望を抑えきれないと感じるんだったら、自分が女性になって、生涯お前に付き添ってあげようと言ってくれる。そういうことで、豁然《かつぜん》として彼は目覚め、もう他力《たりき》にすがるしかないと、「念仏さえすればいい。すべてをまかせよ」とする法然《ほうねん》に、弟子《でし》入りするわけです。やはり、大いなるものに自分をゆだねるという考えかた、ここなんでしょうね。

森　先日、真夜中に、ある女性が電話をかけてきて、もうしどろもどろ。どうしたの？と訊《き》いたら、睡眠薬をたくさん飲んでしまったというのです。

この女性は、幼いときにはお父さんにレイプされたり、勤めては上司からレイプされたりして、鬱《うつ》になって、私のところに相談に来ていたんです。これまで何回も、自殺未遂をくり返していたし、彼女の自殺への傾きが非常に強いので、あるとき、今度自殺を試みたら、入院したほうがいいと本人にも家族にも言っておいたのですが、彼女は、また薬を飲んでしまった。「もうお別れです。ありがとうございました」、そういう電話だったのです。

そこで私は「ああ、よかったね。これであなたは、この世の苦しみから解放されて、神様のもとに行くんだし、神様は、あなたの人生が、小さいときから大変だったと知っているんだから、神様はしっかりと抱きしめてくれるだろうから、神様のところに行ったらよろしくね」と言ったのです。

そうしたら、それが彼女のこころのなかに、ストンと落ちたみたいで、もう一度生きてみよう、という思いが出てきたのが感じられたんです。私はすぐ、お母さんに連絡して、救急車を呼んでもらい、病院に入院させ、彼女は助かりました。彼女のこころに、ゆだねる気持ちが生まれたのですね。それが、どこかキリスト教の本質であるような気がします。

五木 そうすると、理屈でなく、どうしても、他力《たりき》の信仰と重なってくる部分がありますね。そこのところで。

森 キリスト教は、五木さんのおっしゃる、他力以外のなにものでもないようにも、思えますけれども。

五木 大いなるものに、身をゆだねるというか。

森 ええ。

五木 これは、石原慎太郎《いしはらしんたろう》さんとの対談のときに出た話なのだけれども、石原さんは法華経《ほけきょう》ですから、わりと自力派、頑張ってやるというほうなんですね。そのとき、「五木さんは他力、他力と言うけれども、こういう話を知っていますか」、と言われたんです。

宮本武蔵《みやもとむさし》が、吉岡一門と決闘しなければならなくなり、朝、決闘の場所に急いだ。むこうは有名な剣術家、しかも手下もいっぱいいるので、はなはだ不安であった。行く途中に神社があったので立ち止まり、手を合わせ、今日のご加護を、と祈ろうとした瞬間、ハッと気づいて、こんなことでは敗れたも同じだ、神や仏に頼んで闘うのでは、剣客《けんかく》として失格だ。あくまでも自分の剣を信じて、自分の力で闘わなければいけないと思い直し、手を合わせるのをやめ、決闘の場に向かって、みごとに勝った。

さあ、五木さん、どう思うか、というので、それは素晴らしい他力の話であると応じたんです。手を合わせようとして、神社の前に立ち止まったとき、背中のほうから、そんなことじゃだめだ、神や仏に頼むようじゃ勝てないよ、という声が聞こえたということは、他力の声なんだと、そういうふうに考えてくださいと。

他力は自力の母である

森　そうですね。

五木　だから、他力は自力の母である、と思えばいい。人間には、なにかと頑張らなければならないことがあるけれど、頑張ろうと思って、頑張れるときもあれば、頑張れないときもある。頑張ろうと思い、そのとおりできたときは、ああ、なんて自分はすごいんだと思わずに、いや、大きな他力の働きが、自分を支えてくれたから頑張れたのだと、感謝すればいいんです、と言ったら、またまたうまいこと言って、ごまかされたと、石原慎太郎

さんは笑っていましたね。(笑)

森　石原さんのとらえかたは、力のある強い者の発想でしょう。私などは、石原さんにはついていけない。(笑)

五木　ただ、他力というのは、他力本願というふうに、ふつうはつかうものですから、自分はなにもしないで、放っとけばいいと思いがちですが、そういう考えかたでもないわけです。

森　次元が違うのでは。

五木　次元が違いますね。禅のほうでは「自他一如《いちにょ》」とよく言います。

私は、自分がなにか一夜にして、大きなことがあり、物の考えかたや、見かたが変わったという体験はないんです。この先、さきほど森さんがおっしゃったような、神秘的体験のようなことがあればいいだろうな、とは思うけれど。(笑)

ただし物心《ものごころ》ついて、少年のときに敗戦ということがありましたでしょう。それまでは、父親が皇道哲学者だったから、詩吟《しぎん》を教えられ、剣道をやり、『日本書紀』や『古事記』を暗記して、十六歳になったら少年飛行兵に応募して、特攻隊で死ぬんだと決めていた。ですから、敗戦のときは、ほんとうにびっくりしました。天皇陛下も、人間になるとか、ラジオで喋《しゃべ》るということを聞いて驚いたけれど、そこでいっぺん、自分の信仰というか、子どものころからの国家的イデオロギーというものが、全部ひっくり返ってしまう……。

森 ひっくり返ってしまったでしょうね。

五木 なにもなくなって、瓦礫《がれき》の荒野になってしまった中からやってきましたから、要するに、頼れるものなんか、現世《げんせ》にはないんだという気持ちを……。

森 持っていらっしゃった。

五木 ずっと、少年のころからありましたね。目に見える世界はいつか……。

森 ひっくり返ると。

五木 いつでもひっくり返るんだと。目に見えない世界が大事なんだと。そういう気持ちが、いつの間にか身についているものですから、親鸞《しんらん》が、自分は父親や母親のために祈ったこともない、念仏したこともないと言うと、ガツンときます。同時に、自分ひとりと実感するときに、ひとりの自分は、なにか大きな、大自然というか宇宙というか、そういう世界から射《さ》してくる、光やエネルギーに支えられているという感じがするのです。これを宗教と言うべきか、なんと言うべきか、わからないのですが。

第三章

神の裁《さば》きの謎

こんどはかなりの程度まで、森さんに肉薄《にくはく》できたようだ。それにしても、これまで自分が漠然《ばくぜん》と感じていたキリスト教に対するイメージは、もう一度、ちゃんと点検し直す必要がありそうに思われる。

労働についての考えかたも、ギリシャ哲学の影響があると指摘されて、目からウロコが落ちるような気がした。

私が以前から疑問に思っていたことの一つに、小学校などで校長先生が、事故で亡くなった生徒をとむらう言葉として、

「だれだれ君は天国にいきました」

という表現がある。子供たちの作文などにも、「天国で安らかに眠ってください」といった表現をよく見かける。日本人にとって天国とは、いったいどういう世界なのだろう、と、ずっと考えてきた。

この世で辛《つら》い生き方をしてきた人間が、死んだ後に、何かむくわれること

はないのだろうか。死ねば灰になるだけ、という考え方では、人はとうてい生きていくことはできない。苦しみのなかで必死に耐えている人ほど、つよく後《のち》の世のことを望むものなのだ。

ブッダは、死後の世界について語ることをさけている。霊魂についても「無記」というかたちでしか語っていない。しかし、安易《あんい》な宗教が意外な力をもつのは、その来世《らいせ》のイメージを、照れることなく語ってきかせるからではあるまいか。

こんどアダムとイヴの物語について、こんなふうに明快に説明をうけることができたことを、とてもうれしく思っている。原罪という言葉が、ずっとキリスト教とセットになってつきまとっていたからだ。それにしても、親《しん》鸞《らん》思想のある部分が、キリスト教と重なり合うところがあることに、あらためて驚く。

神の業《わざ》が不公平に見えるとき

五木　ここ数年来、日本だけでなく、地球規模で大きな災害が起こりましたね。世界の各地で多くの人びとの生命が奪われたり、家や財産が、一瞬のうちに消え去るといった事態に見舞われています。

なかでも、二〇〇四年の暮れに起きたインドネシアのスマトラ沖地震は、アジアの中でも、とりわけ貧しい地域に、追い討ちをかけるかのように起こりましたでしょう。しかも、犠牲《ぎせい》になったのは、多くが幼い子どもたちだったので、テレビで映し出される津波《つなみ》の映像を見るたびに、私はまさに、神も仏もあるものかと、なんともやりきれない思いにかられたものです。

こういった悲劇に対して、キリスト教では、どのように考えていらっしゃるんでしょうね。地震が起きたのがクリスマス休暇《きゅうか》中で、近隣のタイのリゾート地などでも、ヨーロッパ各地からのホリデー客が大勢犠牲になったことから、あの津波は神の怒りだという声もおきたと聞いています。それで、私が真っ先に思ったことは、キリスト教の神様の怒りなら、なぜキリスト教国で起こらないのか。なぜ世界のなかでも仏教国やイスラム国で、しかも犠牲者の多くは、貧しい人びとや、なんの罪もない幼い子どもたちだったのか。どうしても、不公平だという思いにかられてしまうんですが。

森　今年、知人からの年賀状のなかに「旧年を振り返るとき、現代世界の状況は、世の終わりがいつなのかと尋《たず》ねられて、キリストが答えた状況と、非常に似かよっていて愕然《がくぜん》とします」と書いてあったのが、こころに残っています。みんな、多かれ少なかれ、終末思想を思い出したんではないでしょうか。

五木　そうですね。仏教だと、末法《まつほう》の世といって、釈尊《しゃくそん》が入滅《にゅうめつ》したあとの、最後の一万年を指し、仏の教えを信じる者も、行《ぎょう》に精進《しょうじん》する者もいなくなり、世が乱れに乱れ、戦《いくさ》につぐ戦で、国も人心も荒廃《こうはい》する時代が来る、と信じられているんです。キリスト教でも、世の終わりということを言いますね。

森　ええ。聖書によると、「民《たみ》は民に、国は国に敵対して立ち上がり、方々に飢饉《ききん》や地震が起こる」とか「畑にいる者は、上着をとりに帰ってはならない。……（その日が）冬や安息日《あんそくにち》にならないように、祈りなさい。そのときには、世界のはじめから、いままでになく、今後も決してないほどの大きな苦難が来る」とあります。

私に年賀状をくれた人は、最近の世界の状況と、キリストの言葉を重ね合わせて考えたのだと思います。

五木　いまの世界をとりまく状況を考えると、その悲惨な場面に遭遇《そうぐう》した人たちが、世の終わりが来たと感じても、しかたがないと言えるんじゃないでしょうか。

森　私は、キリストが「世の終わり」について語ったのは、戦乱につぐ戦乱の、当時の社会状況もあったとは思いますが、具体的な出来事を想定して言ったのではなく、この世界ははかなく、もろいものだという、もっと深い嘆《なげ》きというか、想いから出た言葉だと思うんです。

五木　たしかに、この世は無常《むじょう》というか、常に、流れ、変化しているものですけど。

森　ええ。この世界は永遠、絶対ではなく、キリストが言っているように、「太陽が暗くなり、星は空から墜ち、天体が揺り動かされる」ようなことが、いつ起きてもおかしくない。

五木　そういう状況をふまえて、キリストは、どんな教えを語っているんですか。クリスチャンの人たちは、世の中がどんなに悲惨でも、天国で幸せになればいいと考えるわけですか。

森　いいえ、キリストはそうは言っていません。ただ、人の一生が、そうした破壊力に呑《の》みこまれたままで終わってしまわないように、「目覚めていなさい」と、くり返しくり返し呼びかけているんです。一瞬一瞬、神に目を向けながら、現実を生きることが、大切なんだと。

そして、もう一つ、キリストは同じ文脈のなかで、不法がはびこり、多くの人の愛が冷える現実を指摘しながら、「最後まで耐え忍ぶ者は救われる」と言っているんです。前後の言葉の流れから、ここで「最後まで耐える」ということは、「愛を失わない」という意味として理解しています。

五木 なるほど。ところで、キリスト教の救いというと、神と契約を結んだ者だけが救われるという、契約説を思い浮かべますが、そもそも、神と人間が契約を結ぶとは、どういうことなんでしょうか。

森 契約という言葉は、日本人にはなじみにくいものですが、聖書のなかで大きな影響を与えた「出エジプト記」の十九章にある言葉です。それはモーゼを仲介とした契約です。モーゼは、人びとに、あなたたちがいま、このように幸せであるのは、神のおかげであると語り、神を大事にするようにと説得します。その説得を受けて人びとは「私たちは神を大事にしていきます」と答え誓《ちか》います。それが契約と呼ばれたものです。根本にあるのは、自分たちは神に生かされている、神に恩義《おんぎ》があるという自覚です。

五木 それと、聖書のなかの話で、私が聞きかじりに覚えているのは、ヨブの話です。神を愛し、人につくす、無垢《むく》で正しい人＝ヨブの信仰を試そうとするサタンのくわだてに、神が乗る。そして、ヨブの運命をサタンにゆだねる。ヨブの豊かな生活は一転して、つぎつぎと不幸がおそいかかる。しかし、ヨブは、どんなときでも神を讃美《さんび》し、感謝の祈りを捧《ささ》げる……という話ですが、この物語は、どう読めばいいんでしょうね。

森 「ヨブ記」のテーマは、義人《ぎじん》、つまり、正しい人がなぜ苦しまなければならないかです。その根底にある問いは、神と人間とのかかわりかたです。当時の人びとには、楽園思想がありました。掟《おきて》を守れば、神は幸せな人生を保証し与えてくれる、という楽園思想です。ヨブは幸せなすべてを奪われますが、神への誠実な姿勢は崩さない。苦しみのなかにも、神との交わりがあるという確信を見い出していくのです。

五木 うーん。もう一つ原罪という考えが、キリスト教にはありますが、罪の意識、罪悪感というものを強くもつ傾向が、クリスチャンにはあるようですね。カトリックでは、罪のゆるしを乞《こ》う「告解《こっかい》」という制度、プロテスタントには懺悔《ざんげ》があったり、中世の教会は、免罪符《めんざいふ》なんていうお守りまでつくってしまって。（笑）

原罪の本当の意味

森　免罪符となると、またべつの問題ですが、原罪ということについていえば、罪について、硬直した概念が、ひとり歩きしてしまったように、私は感じています。聖書はもともと、ヘブライ語、またはギリシャ語で書かれていたんですが、本来の言葉の意味にそって理解していくと、いま、私たちがそうだと思っている、あるいは教えこまれている解釈とは、違った側面が見えてきます。

五木　ほう。

森　たとえば、「悔《く》い改めなさい」という言葉です。ギリシャ語では「メタノイア」。それが日本語訳では「悔い改め」と訳されています。でも、本来の意味は、生きかたを変えるという意味です。ノイヤは「こころ」、メタは「メタフィジカ（形而上学《けいじじょうがく》）」のメタで、「超える」という意味があります。私たちは、つねに未熟で欠点だらけです。それを日々に克服《こくふく》していく、それがメタノイアのもともとの意味です。かならずしも、罪からの悔い改めではないのです。

五木　なるほど。

森　ヘブライ語では、悔《く》いあらためは「シューブ」です。これは神に顔を向けるという意味です。神に背を向け、神を無視して生きてきた生きかたを、転換しなさいという意味になります。

五木　ああ、なるほど。そういうことですか。だいぶニュアンスが違いますね。

森　違いますね。

五木　ドストエフスキーの『罪と罰』の原作名は『プレストプレーニエ・イ・ナカザーニエ』（Преступление и Наказание）とロシア語でいうんです。これは「犯罪と刑罰」と訳すのもありなのだけれども、『罪と罰』のほうが、奥深い感じがする。『白痴』の原名は『イジオット』（Идиот）ですね。イジオットは「うすのろ」とか「馬鹿《ばか》野郎」です。この阿呆《あほう》！　というときに、イジオット！　という。ドストエフスキーの『うすのろ』では、ありがたくない。（笑）『白痴』というと、聖なるものがあるような感じがする。でも、モスクワのタクシーの運転手なんかは、接触しそうになったときに「イジオット！」と叫んでますよ。

森　遠藤周作《えんどうしゅうさく》さんにも『おばかさん』という作品がありましたね。

五木　あれは、ひょっとしたらイジオットですね。遠藤さんもカトリックの作家でしたが、どうしても、キリスト教というと「原罪」という言葉が、セットになって浮かんでくる。罪というふうに。

森　原罪も、神の戒《いまし》めに背《そむ》いたというとらえかたが、一般的になっていますが……。

五木　してはいけないことを、やっちゃった。エデンの園の禁断のりんごを食べちゃった、という。

森　私は、それは、命令に背いたというより、警告を無視した、と解釈したほうがよいと考えています。たとえばスキー場に行くと、こっちは危険だから行っちゃいけない、とテープが張ってありますでしょう。

五木　ええ、ありますね。

森　警告を無視して行くと、雪崩《なだれ》に巻きこまれたりする。それと同じように、神は「善悪を知る木の実」に手を出すと危ない、と警告をしたと解釈すべきだと思うんです。

五木　原罪が、ですか?

森　「善悪を知る木の実」を食べると、あなたたちは死ぬ、という神の警告を無視して、人間が自ら不幸を招いてしまった、と理解したほうが、聖書の流れにそっていると、私は考えています。「善悪を知る木の実」とは、倫理道徳の善悪ではなく、自分の欲望や欲求を中心に、ものごとの善《よ》し悪《あ》しを決めてしまう、エゴイズムの実のことです。自分に幸せをもたらしてくれるものを善とし、そうでないものを悪とする態度に、味をしめてしまうということです。

五木　なるほど。普通、原罪のニュアンスには、人間は生まれながらに、罪深いものを背負ってしまっている、という感じがあるけれども、そうではない。

森　はい。なんでも自分中心にものごとを考えると不幸になる、という警告を無視したということです。それが、人間のいちばん深い業のように思います。

五木　ほかにも、セックスというものにも、罪の観念がはいっている。

森　ええ、のちの教会はセックスも、罪と結びつけて理解するようになってしまった。

五木　クリスチャンのなかには、往々《おうおう》にして性的なことに対するアレルギー、いけないこと、という観念が深くあると思っていました。

そうですか。警告ね。なるほど。いや、大事なことですね。ちゃんと読むということは。新しい自己啓発《けいはつ》活動をしないといけない。（笑）

森　新しい聖書学の読みかたというか、当時の文献などを参考に、正確に読み取るということは、大事なことだと思います。

五木　なるほど。

森　でも、勉強する人が少ない……。それでも、じわじわと新しい研究が現われてきています。

五木　それは大事なことですね。やっぱり信じこんでしまっているのを、変えるということはなかなかむずかしいですから。

森　そうですね。

五木　毎日曜日、説教台の上のほうから「あなたがた罪びとは」と言われると、教会にいる善男善女《ぜんなんぜんによ》たちは、みんな自分は罪びとだと思うんじゃないですか。

森　そうでしょうね。

五木　親鸞《しんらん》は「罪業深重《ざいごうじんじゅう》の我ら」と言うんです。人間の罪と業《ごう》は限りなく深い、それを自覚せよ。そして懺悔《ざんげ》せよと。親鸞は、そのことで悪人すべてが無条件に救われると言う。これは凄味《すごみ》があります。

しかし、「悪人正機説《しょうきせつ》」には「但《ただ》し、五逆を除く」というのがありますね。五逆というのは、①母を殺すこと、②父を殺すこと、③聖者を殺すこと、④仏の身体を傷つけること、⑤教団の和合一致を破壊し分裂させること、これを犯した者をいうらしい。その人たちは救われない。すると無差別救済でなく、選択救済になる。普通の人でも、親を殺す以外は、犯しやすいことです。だから親を殺すほど悲しいことはない。そんな人こそ救われていいのではないか。かねがね私は、一般的な悪人正機説《しょうきせつ》に疑問があるんです。

森 そうですか。キリストが、裁《さば》きについて語るときの基準は、優しさです。「ルカの福音書《ふくいんしょ》」のキリストのたとえ話をみると、人間への優しさを失った者が裁かれる。

五木 それも、けっこう厳《きび》しいことですね。

森 ええ、ある金持ちがいて、目の前に乞食のラザロがいた。その金持ちは死んで黄泉《よみ》の国に墜《お》とされた。彼はこれといった悪いことはしていませんが、自分の家の門前で、苦しんでいるラザロに気が付かなかった。それが裁かれる原因になっているんです。なにか悪いことをしたから、という理由じゃない。「マタイの福音書」の二十五章、キリストの最後の説教も裁きになっていますが、その裁きも、病んでいる人や、苦しんでいる人に、手をさしのべようとしたか否《いな》かになっている。ある意味では、非常に厳しいですよ。

人間に謝《あやま》る神のあたたかさ

五木 うっかりいいい君と、おそまついい君はだめなんですね。（笑）ところで、キリスト教の救いって、なんなんでしょう？

森　キリストの手をしっかりつかむことと、キリストのこころを生きること。それが救いだと思います。

五木　親鸞《しんらん》の言う「悪人」とは、自らの罪を自覚して、それを懺悔《ざんげ》し、嘆《なげ》き悲しんでいる人、ということになる。そういう人は救済される。そうすると、懺悔の意識のない悪人はだめなんだろうかと迷うのです。

森　私は最近、神の優しさを強調するために、こんな話をしております。私がいま信じている神様は、天国の門の前に出て、来る人来る人に頭をさげて、「こんなひどい世界と苦しい人生を与えてしまって申し訳なかった」と謝《あやま》っているんです、と。

五木　それは大進歩ですね。遠藤周作《えんどうしゅうさく》さんは、裁く神から、ゆるす神へ、と書く。森さんはゆるすのでも、まだ足りない。謝る神。（笑）そこまでいくと、徹底していますね。

森　そして、もう一つ付けくわえます。「きびしい人生に疲れてもどってきたのだから、ゆっくり休みなさい」と、神は言ってくださると。放蕩《ほうとう》息子の帰宅のたとえ話がまさにこれです。

五木　なるほど、それはあたたかい。いや、仏教も、最初は地獄極楽説で、地獄の絵をいっぱい見せておいて、悪いことをすると、ここに堕《お》ちるよと脅《おど》かしていたんですね。しかし、いまでも悪人正機説《しょうきせつ》に対して、いま私が言ったようなことを言葉にして書いたりすると、いろんな批判があって、大変ですよ。異安心《いあんじん》と言われます。

森　ふーん。異端《いたん》のことですね。

天国はどんな世界か

五木　よく小学校の児童が、事故や被害にあったりしますね、すると校長先生が、だれだれ君は天国へ行きました。天国へ行っただれだれ君のために、お祈りしましょうって言いますね。あれはいったい、どういう意味で言っているんだろうと、私は疑問に思っているんです。ミッションスクールでもない小学校の校長先生が、イメージしている天国とは、いったいなんだろうと、不思議で不思議で仕方《しかた》がない。政教分離の一般の学校の校長先生が言う場合、天国とはどんな場所をさしているのでしょう。

森　うーん。

五木　浄土《じょうど》でもないし、極楽でもない。いったい、なんなんでしょう。

森　知らないうちに、はいってきちゃったんでしょうか。キリスト教でいう天国という言葉が。

五木　死んだら行くところという意味で。また人が亡くなったとき、日本人は一般には「ご冥福《めいふく》を祈ります」というわけですね。冥福というのは冥土《めいど》の幸せ。だから暗いところへ陥《お》ちこんで行く人の幸せを祈っているんです。それで、真宗《しんしゅう》では冥福とはつかわない。

森　なんと言うんですか、真宗では。

五木　あえて言えば「浄福《じょうふく》」でしょうか。「浄土の幸福を祈ります」と。むかし浄土を考えるときには、暑さ寒さもない、着るものもたくさんあって、蓮《はす》の花がいっぱい咲いていて、いつも音楽が流れていて、紫の雲が棚引《たなび》いていて、そこで仏様が、いいお話を聞かせてくれるという、そういう情景を思い浮かべていました。それじゃ駄目《だめ》なんですよね。

キリスト教の天国というのは、どんなイメージなんですか。

森　本質的には、神との愛の交わりの世界、それが天国です。しかし聖書的イメージでは、苦しみや悲しみや死のない世界です。「黙示録《もくしろく》」には「新しい天と地が訪《おとず》れ、そこには死も苦しみも嘆《なげ》きもない」とあります。はじめに、楽園思想というのが『旧約聖書』の世界にあるんです。アダムとイヴが置かれた最初の状態も、幸せな楽園だった、と理解されています。

五木　禁断のリンゴの実のなる、エデンの園に。
森　そうです。

楽園思想は変化する

五木　アダムとイヴは、昔、エデンの園に住んでいたときは、働かなくてもよかった。しかし、そこを追い出されてからは、額《ひたい》に汗して労働をしなくてはならなくなった、というお話だと思うんですが、でも、労働がないというのは、解《げ》しかねるところもある。純粋に労働の喜びというものもあると思うんですけれど。
森　労働を軽視する姿勢は、たぶん、ずっとあとの、ギリシャ哲学の影響だと思います。
五木　そうですか。俗に人間は労働という罰を、アダムとイヴ以来背負わされた、と誤解されていますよね。
森　「創世記」の二章の物語では、エデンの園に置かれた人間の役割は、園を守り耕《たがや》すことであったとあります。世界を混乱させ、働くことが苦労となるのは、人間の欲望と罪のせいである、というメッセージが聖書にあります。
五木　こころの平安ということが、そこにあるんですね。当時のイスラエルの民《たみ》の状況から考えると、大国からの侵略がないということが、それだけで楽園だった。
森　ええ。キリストが出てくると、そういう楽園思想は背後に退《しりぞ》き、「愛」という言葉が、大きな意味をもつようになりました。
五木　キリストは、楽園とか天国というイメージに対しては、なんのメッセージもないのですか?
森　キリストの説教や、たとえ話のなかに、死後について、宴《うたげ》というイメージで語っているものがありますが、その宴に加わる条件が、愛を生きたか否《いな》かになっています。
五木　キリストは、死んだらどこに行きますよ、というヴィジョンは指し示さなかったんですか。
森　神のもとに行くとか、永遠のいのちという言葉をつかっていました。
五木　聖書のなかでは、明確なイメージを与えなかったということですか。だけど、システィナ礼拝堂《れいはいどう》などの絵を見ると、煉獄《れんごく》とかいろいろ描かれていますね。
森　煉獄は、教義のなかから生み出されたもので、キリストの直接のメッセージではないんです。
五木　ああ、じゃあルネッサンスというか、そのころの時代から出てくるイメージなんですね。

森　いえ、もう少し前の時代でしょう。キリストは、死後の世界について、愛を生きた者が永遠の生命に与《あずか》るとか、神といっしょにいる状態、というふうに言っています。

五木　だとすると、永遠の生命という考えは、ヒンドゥー教の輪廻《りんね》から抜け出すという考えと似ていますね。

森　でもキリスト教には、輪廻という考えかたはありませんけれど。

五木　なるほど、キリスト教では、くり返しくり返し、修羅《しゅら》とか畜生《ちくしょう》とか、六道《りくどう》を輪廻する、死んだらまた……というふうな辛《つら》い思いをしなくてすむ。なぜなら、永遠の生命を得るという意味だから。

しかし、たとえば親鸞《しんらん》の思想のなかには「往還《おうげん》」という考え、往還思想があって、浄土《じょうど》へ行った人は、そこでずっと安穏《あんのん》として永遠に暮らすわけじゃない、ともいうんです。もう一度、地上へもどってきて、苦しんだり、病んでいる人たちのために、菩薩行《ぼさつぎょう》をしなければいけないという。それは、ある意味で、生命の復活、循環思想でもあるんでしょうね。

生まれて死んで、そこでしばらく憩《いこ》って、傷ついたこころを自分で回復したならば、もう一ぺんこの地上にもどってきて、人びとのために働かなければいけないという。

地獄のような現実を救う天国のイメージ

森　「黙示録《もくしろく》」には、この世のあとに「新しい天と新しい地」が現われるとあります。新しい天と地は「死も苦しみも嘆《なげ》きもない」世界であり、その世界に加わる者は、キリストに命をかけて従った人びとということになります。歴史的に見れば、その背後には、ローマの弾圧があり、迫害に耐えている信者に、励《はげ》ましを与えようという気持ちが働いていたといわれています。

五木　つまり、天国のイメージそのものは、初期のユダヤ教の時代から、ずい分と変遷《へんせん》してきているわけですね。

森　変遷しています。

五木　現代キリスト教の、天国のイメージというのは、どういうものですか。

森　キリスト教が、ギリシャ哲学と結びついたときに、人間というのは、霊と魂《たましい》、肉体と精神、そういう存在であるという人間観が一般化しました。そこで天国とは、肉体の束《そく》縛《ばく》から解かれた純粋霊（精神）が、神と交わる世界というイメージができ、それが天国の説明になりました。神と交わるためには、神と同じように、精神的にも霊的にも純粋になること。そうしないと、神とは交われない。

五木　言葉ではわかりますが、ヴィジュアルなものはないですか。

森　文字がそれほど普及していなかった時代に、絵で人びとにキリストの教えや聖書の物語を伝えようとする動きが出てきました。それがさらに発展してシスティナ礼拝堂《れいはい》の、ミケランジェロの「最後の審判《しんぱん》」になっていったのではないでしょうか。エゴイズムや、欲望にまみれた生涯をおくったダメなやつは地獄へ、浄《きよ》めなければいけない者は煉獄《れんごく》へ。それが、ヴィジュアル化されたのでしょうね。

五木　浄土思想《じょうど》のなかにも、それはあります。浄土思想では、悪人もすべて許《ゆる》されると考えるのですが、そのなかで、さきほど話した、五逆の罪を犯した人間、僧侶《そうりょ》を殺したり、両親を殺したり、仏法を謗《そし》ったりした人間を除くとなっている。除かれた人は、どこへ行くかというと、浄土の端《はし》っこのほうの辺地に置かれて、そこで、かなり長い時間をすごしたあと、ほんものの浄土へ行くという。一種の煉獄でしょう。

森　浄《きよ》められる、という意味で。

五木　ええ。真宗《しんしゅう》とキリスト教は、考えかたが非常によく似ていると思いますね。

森　似ていますね。地獄は、もうどうしようもないのだけれども、死んだ者が、煉獄から天国へ行くためには、生き残っている人たちの功徳《くどく》が助けになるという考えから、中世末期の教会が、免罪符《めんざいふ》などの具体的なものを打ち出したんです。

五木　ああ、なるほど。

森　ご先祖さん、お父さん、お母さんを、早く天国に送りたければ、功徳を積みなさいと。免罪符なども、もともとはそういうところから出てきた。

五木　いま、仏教もひっくるめて、宗教の魅力のなさというのは、結局、浄土思想が衰微《すいび》したからだと思うんですね。さっき森さんがおっしゃった、女性のクリスチャンのかたのように、現代人は孤独地獄というか、魂《たましい》の地獄のなかを生きている。自閉症の子も、自閉症の大人もいる。いろんな精神の地獄を生きている人たちがいます。そういう人たちにとって、いま、行くべき浄土のイメージが……。

森　ない。

五木　むかしは、絵巻物のようなもので見ることができた。わあすごい、食べる心配しなくてもいい、暖かいし、音楽は流れている、花は咲いている、なんとしてでも行きたい、というふうに思えた。けれど、じゃあどこへ行くのかという浄土のイメージを、こんなヴィジュアルな、なんでもイラストレーションで示すような時代なのに、描けない。言葉は

森　洗練《せんれん》されたかもしれないが、言葉だけで書かれたものというのは、どこか弱いんですね。

五木　そうですね。

森　聖《サン》フランチェスコ教会だったか、アッシジの教会には……。

五木　ジヨットの絵があります。

森　そのころはまだ、ラテン語で書かれた聖書を読める人は、そんなにいなかったんですね。

五木　そうです。それで絵で示した。

森　ジヨットの絵が、ずっと壁一面に描いてある。絵巻物の説明みたいに。それを見れば、なんとなく納得いく。そういうヴィジュアルなものが、すごく大事なんですよ。むかしのほうが、地獄のヴィジュアルも、天国のヴィジュアルも、浄土《じょうど》のヴィジュアルも、表現する力があった。いま、ないんですね。こんなにテレビゲームやなにかが盛んな時代に。

五木　そうですね。ただし十八世紀、十九世紀には、それまでとは異なったヴィジュアルな表現が登場してきます。

森　ほーう。

五木　キリストが、人間をどんなに愛しているかを示すために、キリストの心臓をことさらに強調してみたり、生々しい血を描いて、十字架への磔《はりつけ》をひかえた人間キリストの、苦しむ姿を強調したりするようになりました。煽情《せんじょう》的になったのですね。

五木　日本の密教系の宗教は、非常に美的、装飾的な傾向がつよい。親鸞《しんらん》にはじまる真宗《しんしゅう》系は、意外に官能的な喜びを否定しています。その意味では、イスラム教とちょっと似ているのですけれども、そのぶんだけ痩《や》せたような気もするんです。つまり、真言《しんごん》密教などの声明《しょうみょう》とか、ああいうものを聴いていると、やっぱりふしぎな感じがして、その空間のなかで味わう感動といいますか、そういうものもあるんだな、と。

森　そういう要素も、たしかに必要なのでしょう。神の救いというものを、官能とか感性とかで感じ取っていくということが。

五木　まあ、人間ですからね。

第四章

愛と慈悲《じひ》の謎

キリスト教は、よく愛の宗教だといわれる。しかし、その愛の本質とは、どのようなものだろうか。仏教では愛という言葉は、かならずしも肯定的に使われてはいない。この世のもろもろの事物への執着《しゅうちゃく》がそこから生じて、人の心を苦しめると考えるらしい。

この章では、かなり聖書に即して、観念的な議論も出てきた。森さんの考えかたには、かなり大胆《だいたん》なところもあって、そんなことを言って大丈夫《だいじょうぶ》なんですか、と、思わずきいてしまった。

ヘブライ語やアラビア語、そしてギリシャ語やラテン語と、さまざまな言語が介在するたびに、本来の意味が、少しずつ変っていくのは当然のことだ。インドの仏教も、中国語になることで次第に変容していく。

ただそのことを、マイナスだとばかりは考えないようにしてきた。新しい社会や言語と出会うことで、豊かになっていく面もあると思うからだ。

しかし、原義をたしかめることは大事なことだ。原点に立ちもどるためには、一つひとつの言葉を正しくたしかめる必要があるだろう。

この章は、いささか学校の教室のような雰囲気《ふんいき》になった。真実というものは、そんなにやさしくはない。簡単に手にはいるものは、アウトラインだけだ。固くなった頭をひねりながら、森さんの話についていこうとしていると、ふと、何十年も昔の学生の気分になってしまった。

話は全部理解できなくても、一向にかまわない、というのが私の考えかただ。一つひとつの言葉にこだわることなく、その場の雰囲気を肌で感じることができたら、そのことだけでも意味のあることだと思う。

カトリックの懐《ふところ》の深さ、という言葉がとても印象的だった。愛というものは、懐が深いものでなければ意味がないのだから。

慈《じ》はため息、悲《ひ》は聖母マリア

五木　キリスト教は、愛の宗教といわれていますが、この愛というものがくせもので、ひとことでは説明できない、さまざまな姿をもっていると思います。仏教では、愛というものを、かならずしも良しとしないんです。渇愛《かつあい》といって、なにかに対する執着《しゅうちゃく》とか、こだわった偏愛《へんあい》というふうにとらえる。だから、日本のお寺で、ガイドの人が外国のお客さんに説明するのを聞いていると、首をかしげたくなるようなことがあるんですね。「これは、仏教のテンプルです。仏教というのは、智慧《ちえ》と慈悲《じひ》の教えです」と。智慧はよくわかるのですが、聞いていると、慈悲《じひ》をラブと訳すことが多いんです。もともと、インドでいう慈悲は、慈アンド悲、つまり、慈はマイトリーとか、マイトレーアという言葉、悲はカルナーという言葉で、別々のものなんです。それを中国人が「慈悲」と、みごとな言葉をつくりあげたのだけれど、本来は慈の愛と、悲の愛なんですね。

森　そうですか。

五木　慈（マイトリー）は、ヒューマニズムと訳してもいいですし、フレンドシップと訳してもいい。近代人ならだれでも、理解できるものなのですね。

ところが悲（カルナー）は、字引を見ると――思わず知らず漏《も》れ出《い》ずる、ため息のような、呻《うめ》き声のような感情――などと書いてあって、なにかはっきりしない。本能的で、盲目的で、前近代的なんですね。ひょっとしたら、悲《ひ》は、聖母マリアに通じるかもしれない、そんなふうに思ったりもします。

森　ええ。

五木　この悲という感情は、明治以後、ほとんど軽視されてきたような気がするんです。近代化のなかで、慈のもつプラス思考で、明るくてヒューマンでという側面だけが、重視されてきたと。だけど、私はいま、悲のもっているものを、すごく大事にしなければいけないなと思って、悲の効用なんていう話をしたりしているんですけど。

森　日本語の聖書に、「憐《あわ》れみ」と訳されている言葉は、ヘブライ語の「腸」と語源的に同じだといいます。「断腸の思い」なんていいますね。その腸と同じ。

五木　へえ。

森　人間のみじめな姿を見て、無条件に体が反応する感じなんですね。

五木　ああ、それはまさに「悲」という感情ですね。

森　「悲」という漢字の語源を調べると、上の「非」は羽で、つまり下の「心」が裂《さ》かれている状態ですね。
五木　ああ、心が引き裂《さ》かれる。
森　自分の愛する人が死んでしまったとか、子どもが目の前で事故にあったとか、大事にしていた相手のいのちが目の前で奪われたなんていうときは、心が引き裂かれて、内側から慟哭《どうこく》しますよね。それが「悲」。
五木　なるほど。
森　神が人間の気の毒な姿を見て、神自身が、いたたまれなくなって動くというのが、悲の原点だと私は理解しています。
五木　原点ですか。いまおっしゃった、心が引き裂かれるような、なんとも言えない、辛《つら》い状態に対して、それを救うことのできないおのれの無力さゆえに、そこで思わず発する、ため息、呻《うめ》き声、そういうものとして悲を考えれば、宗教というものもよくわかってきますね。
森　人間の悲しみもあれば、神の悲しみもあると。
五木　そうでしょうね。たとえば、悲という言葉に近いものを、仮に英語で無理やり探せば、コンパッションとか、そんな感じかな。

森　近いですね。ニュアンス的には、もうちょっと人間的な、引き裂かれるような……。
五木　呻き声を発するような感じ。
森　そう、内側から、自分自身のなにかがあふれ出てくる感情、慟哭に近いような形で。
五木　なるほど。ピエタ像なんかには、そういうものが感じられる。だから、私は好きなのかもしれないな。
森　そうですか。

人とのかかわりのなかで実感できる愛の本質

五木　もともとの聖書の言葉は、ヘブライ語でしたね。それからギリシャ語で書かれる。
森　ギリシャの、アレキサンダー大王が世界を支配したときに、その影響を受けてギリシャ語になります。
五木　それがアラビア語にも訳されることになる。
たとえば、インドの仏教がチベット仏教になって、密教的な色彩が強くなっていくように、ヘブライ語で書かれたもの、ギリシャ語で書かれたもの、アラビア語で書かれたもの、ラテン語になるもの、そういう変遷《へんせん》をとげてきた聖書が日本にはいってきて、はじめ文語的な表現で書かれ、また現代では口語的な表現になる。そういう過程で、聖書の解釈が、どんどん変わってきたところがあるのではないでしょうか。

森　ええ、ニュアンスが変わっていきます。でも、ヘブライ語のもともとの「愛」は、目の前の人とのかかわりかたにアクセントを置いていて、使いわけていたんです。

五木　かかわりかた、というと？

森　「愛」を表現する一つに「ヘン」という言葉があります。たとえば、お年寄りが横断歩道を渡りきれない。それを見て、ああ気の毒だなと思って青年がかけよっていき、いっしょに横断歩道を渡っていく。でも、彼はデートの途中だから、そのお年寄りのことはすぐに忘れてしまう。一回かぎりのかかわりです。相手の姿が自分のなかにはいってきて、その姿でふーっと自分が動かされる。その行動を「ヘン」という言葉で表わしたんです。

五木　「ヘン」。なるほど。

森　つぎに「ヘセド」という愛情表現があります。持続したかかわり、相手と人生を共にしていくという、信頼感に基づいたかかわりかたを示す言葉です。誠実などとも訳されます。

五木　ほう。

森　三つめが「セダケー」といって、誓《ちか》いに基《もと》づくかかわりかたです。相手のために自分の人生はあるんだと、宣言する愛ですね。

五木　なるほど。

森　ヘブライの世界で、人と人とのかかわりからとらえていた「愛」は、ギリシャ語で表現されるようになったことから、アクセントの置きどころが変ってしまいます。信者たちは、キリストが語る「愛」を、ギリシャ語で表現するのに、「アガペー」という言葉を利用しました。

当時のギリシャの世界でとらえられていた「愛」は、エロスでした。エロスは、自分を満たしてくれるもの、自分を幸せにしてくれるものを、獲得したい、自分のものにしたいという欲求です。いまの日本では、エロスは官能的な意味で理解されていますが、哲学者のプラトンなどは、このエロスを高く評価しておりました。

真・善・美などの崇高《すうこう》なものに憧《あこが》れて、自らを燃えあがらせ、高めていく原動力として、エロスをとらえていたわけです。

キリスト信者たちは、キリストが説いた「愛」を、エロスという言葉で表現すると、キリストのメッセージが誤解されると判断し、当時のギリシャの文学や哲学などでもほとんど使われていなかった、「アガペー」という言葉を使いはじめたのです。それは、自分の幸せよりも、相手の幸せを求めて働きかけていくこころの動きです。

エロスとアガペーは、両極に位置します。エロスの本質は、自分の幸せを求め、相手を自分のものにしようという所有欲です。アガペーの本質は、自分を殺して、相手を活《い》かそうとする自己放棄《ほうき》です。

ギリシャ・ローマの世界のなかで育ったキリスト教が説く愛が、与えるという自己放棄のニュアンスが強くなってしまったのは、このためです。ギリシャ・ローマの世界にはいっていったときに、聖書は、ある意味で質的な変化が起こったと理解してよいと思います。

五木　ふーむ。

森　目の前にいる人間の、みじめな姿に動かされ、相手にこころを開いて手を差しのべるとき、かかわりが生まれていく。そのかかわりが、一過性のものから、誓《ちか》いに基づく揺るぎないかかわりになっていく。それは、「腸《はらわた》が揺り動かされる」ということからはじまり、誓いに基づく相手に、自らを捧《ささ》げてしまうかかわりで完成される、ととらえていたということです。

「神は愛」というときには、自ら誓いを立ててまで、人間にかかわり、人間を救おうとする神の姿をしめすことになるのです。「憐《あわ》れみ」とか「愛」と訳すだけでは、そうしたニュアンスが見えなくなり、伝わってこないのです。

顔をそむけることは、心をそむけること

森　さきほど五木さんが、仏教について指摘されたことと同様に、ギリシャ世界にキリスト教がはいっていくにしたがって、聖書の読みかえが行なわれたと考えていいと思いますよ。いろいろな例をあげることができます。たとえば、言葉を表わすギリシャ語のロゴスは、語源的には、物事を束《たば》ねるとか、本質を整理するという意味合いがふくまれます。

五木　わかります。

森　ヘブライ語では、言葉はダバール。内側から噴き出してくる生命、という意味がふくまれています。たとえば、五木さんが生きてきた、いろんな人生体験が言葉となって表われて作品になりますね。その言葉には、五木さんの人生がある。それが相手のこころのなかにはいって、相手の心を動かし、あたためることになりますよね。「ヨハネの福音書《ふくいんしょ》」の書き出しは、「はじめに言《ことば》があった。言《ことば》は神と共にあった。言《ことば》は神であった」とあります。そのときの「言《ことば》」というのは、ダバールというもともとの意味で

とらえれば、神の生命が、キリストを通して人類にあふれ出てきた、神の生命が噴き出したという意味になります。ところが、ギリシャ語で「ロゴス」というと、キリストは神そのもの、キリストには神の本質がある、ということになってしまう。

五木　知的になっていますね。

森　そう、知的な側面が強くなるんです。

五木　ヘブライ語のほうが、人間的感情の原点に近い。

森　ええ。近い。

五木　生々《なまなま》しい感じがありますね。

森　生々しいんですね。

五木　なるほど。

森　顔のことを、ヘブライ語でパーニームと言いますが、この言葉には、その人の内側が相手に向かう、交わりがはじまるというような意味がふくまれているんです。単なる静止的な顔でなくて。

五木　なるほど、なるほど。

森　そもそも聖書は、交わりのほうにアクセントがあったんです。「神が顔を向けてくれた」ということを、最高の恵みとしてとらえた。

五木 顔をそむけるということは、相手を拒絶することですね。

森 そういうことですね。

五木 単なる顔ではなくて。

森 そうです。

五木 顔をそむけるというのは、心をそむけることでもありますから。

森 そうでしょう。

五木 なるほどね。

森 聖書をヘブライ語にもどって読み返していくと、隠れていたものが、新しく見えてくる。

五木 いや、私たちは、たとえば「はじめに言《ことば》があった。言《ことば》は神だった」と言われると、そのまま自分たちの思考方法に当てはめて考えますが、原初の生々しい感じと、だいぶ違ってきているわけですね。

森 そうですね。

五木 そこで、はじめにもどって、慈《じ》の愛と、悲の愛があると考えますと、慈の愛はたぶんに近代的な、知的なものであろうと思うんですね。これは曾野綾子《そのあやこ》さんが書いていらしたことと、どこかでつながるところがあると思うのですが、インドへ行って、イスラム寺院とかヒンドゥー寺院などを訪《たず》ねる。そこにはハンセン病の患者さんとか、そのほかいろんな病気をかかえた人たちがたくさんいる。それを見たときに、ああ、手助けしなければと、こころを動かされ、相手に手を差し伸べ、抱き留《と》めてあげたいと思う。

けれども、一瞬たじろいで、病気が感染するかもしれないとか、いろんな不安が頭をよぎり、躊躇《ちゆうちよ》する。躊躇したおのれに対して、ちゃんと愛というものを持っていないからだと、自分を戒《いまし》めるというか、自分に言い聞かせる。そして決断力をもって、ここは相手を抱きしめなければならないと考えて、相手を抱きしめる。

こういう行為と、もう一つは、見た瞬間、反射的に、ああ可哀想《かわいそう》だと抱きしめてしまったあとから、ひょっとしたら病気が感染するかもしれないと心配する場合とがあって、慈（の愛）は前者に近く、悲（の愛）は後者に近いような、そう感じるところがあるんですが。

森　それは、アガペーとエロスの闇の葛藤《かつとう》ですね。アガペーには、自己愛を超えて与えようとする、意志的な力がある。

五木　ああ、意志的に。アガペーには、そういうところがありますね。

森　そういう面が、強く出てくると思います。

五木　最初から、愛は人間にとって大事なものである、持たなきゃいけないものである、と。

森　「べき論」になっているわけですね。

五木　「べき論」になりますね。慈（の愛）には、そういうところがある。

聖書に息づく人間の姿

森　また「創世記」の二章に、神が人間を創《つく》る場面があるんです。人間が一人でいるのはよくないと判断し、「彼にふさわしい助け手を造《つく》ろう」と記されています。なに気ない表現ですが、ここに、神中心主義とは異なる側面が出ているんです。神のところに行けば、なんでも問題が解決するということではないのです。

五木　ああ。

森　「ふさわしい助け手」という言葉は、原文では「ケネグドー・エーゼル」。エーゼルは、お金持ちが貧しい人に手を差し伸べるとか、お医者さんが患者さんに手を差し伸べるとか、学校の先生が子どもたちを教育するとか、持てる者が持てない者を助けてあげる、そういう意味での助け手です。

五木 ええ。

森 「ケネグドー」のほうは、語源的には「同じ平面に立つ、面と面をあわせる」という意味があります。上からなにか与えるというのではなく、悲しみは悲しみとして、共感してくれる相手という意味です。いっしょに涙を流してくれる相手。共感してくれるだれかがそばにいてくれるということは、人間の存在には大事だということです。

つまり聖書は、人間のこころの問題をしっかりとらえているということなんです。

五木 なるほど。それは、あんまりたくさんのお経があるものだから、ブッダの姿があいまいになっているのと同じように、キリストや、聖書の、ありのままの形というのは、もっともっと直截《ちょくせつ》的で、もっともっと人間的なものということでしょう。

森 そうなんです。

五木 加藤唐九郎《かとうとうくろう》さんという陶芸家が、伝統という言葉の九十九パーセントは弊害である、と言っていますが、それくらい大胆《だいたん》なことを言って、ちょうどいいところがあるんですね。

森 そうでしょう。

五木　さっきからうかがっていて、森さんのお話しになることは、ぼくらの考えているキリスト者というか、カトリックの神父さんなどの枠《わく》から、ずいぶん離れて、自由な感じがするのですが、カトリック教会の組織のなかで、それで生きていけるんですか。大丈夫《だいじょうぶ》なんですか？（笑）

森　まあ、大丈夫なんでしょうね。（笑）

五木　うーん。

森　カトリックという船は、大きいですから。カトリック教会には、言わせるだけ言わせとけという懐《ふところ》の……。

五木　深いところがあるわけだ。

森　ありますね。

五木　それは、ひとつの健康的な組織体の、健康に生きている者の、ひとつの営みかもしれませんね。

森　そのへんで甘えている部分は、私にもあります。それだけカトリックを批判するなら、なぜやめないのかと言われるときもありますけど。

五木　前に話しましたが、仏教の世界では、それを異安心《いあんじん》と言うんですね。異端《いたん》のことです。『歎異抄《たんにしょう》』は、当時あまりにも異安心、異端《いたん》的な、まちがった教説が横行しているのを嘆《なげ》いた親鸞《しんらん》直系のお弟子《でし》さんが、それを正すために、親鸞聖人《しょうにん》はそんなこと言ってないじゃないか、こう言われたんだ、ああ言われたんだ、ということを、どんどん列挙して書かれたものだという。ある意味では、論争の書であり、その方向をもとへ戻そうとする意図《いと》で書かれた本なので、じつは、かならずしも親鸞の全貌《ぜんぼう》は伝わっていないのではないかと、私は思っているのですが。

森　そうですか。

五木　免疫《めんえき》学者の多田富雄《ただとみお》さんが、よく言ってらしたのは、最近の子どもたちが、O―157などとかで、すぐ食中毒になったりするのは、免疫力が落ちているからだ。免疫力が落ちているということは、むかしのように洟《はな》を垂《た》らした子どもが少なくなり、よく手を洗って清浄化されているために、雑菌と共生することが少なくなって、免疫力の豊かさが失われているからだと。そういう意味では、生きた形でカトリックの世界があるとすれば、そのなかにはいろんなものがあるわけで、それを懐《ふところ》深く共存させているというところは、やはり、カトリック二千年の歴史なんでしょうね。しぶとさというか。

森　そうでしょうね。でも私は、そういう体制とかシステムを云々《うんぬん》するよりは、もういちど、聖書本来の姿をわかりやすく語るしかない、そう考えています。そうする必要があると思っているんです。

五木 体制のなかで、体制と闘ったら、同じ次元の闘いになって……。

森 力関係の問題になってしまいますね。

五木 ええ。政治力学になってしまいます。

第五章

人類救済の謎

ここではエロチックな仏像の話から、ギャングの信仰の話まで、かなり自由に話が取っ散らかっていく。その辺が対話のおもしろいところだろう。

森さんも若いころ、禅寺に修行にいっていたときの、下世話《げせわ》な思い出ばなしを披露《ひろう》してくださった。こんな気楽な話をしていていいのだろうかと、ふと心配になるが、やはり肝心《かんじん》の信仰のことに触れると、ビシッと背骨ののびたお話になる。

残酷な磔《はりつけ》のキリスト像が、少しずつシンプルなものに変ってくる傾向があるという話は、なにかほっとするものを感じた。日本人はどんなシチュエーションにせよ、まともに血が流れる様子を直視する感覚は、もちあわせてはいない。

また、ヤンセンという厳《きび》しい信仰者が大きな影響を残し、そのヤンセンの影響をうけた司祭たちのなかに、来日して伝道活動をした人が多いという話は、なるほど、と納得のいくところがあった。

私たちがキリスト教関係者を、妙に固苦しいイメージで見るのは、たぶんそのころの影響かもしれない。

もっと人間的で、もっと自由な信仰こそが、本来のキリスト教の伝統なのだなと、あらためて感じるところが多かった。

司祭さんたちのなかには、大酒呑《の》みもいるし、下《しも》がかった話を口にする者もいると聞くと、なんとなくほっとしてしまうのだ。

しかし、そういう話をなさる森さんの口調には、いささかも姿勢を崩したところがない。人間には本来、宗教的人間という生来の人柄《ひとがら》もあるのではないか、などとつい考えてしまう。あれこれ質問しているうちに、ふと自分をとても卑小《ひしょう》なものに感じてしまった。

この世のはじまりは廃墟《はいきょ》のようであった

五木　いままで、お話をうかがって感じたことは、聖書の本当の意味を、われわれはずいぶん誤解しているなあ、ということなんです。

森　聖書を、苦しんでいる人間の視点から読み返していくと、隠れているメッセージが見えてきます。

五木　見る視点の位置で、違った意味に読めるんですね。

森　たとえば、聖書のいちばん最初、「創世記」の一章は、「地は混沌《こんとん》であった」という言葉ではじまっていますね。この、「地は混沌であった」という文章ですが、原文では「ワボーフー・トーフー」という言葉なんです。

五木　それは、どういう意味なんですか。

森　私は「無秩序、廃墟《はいきょ》のようであった」と訳せばよいと思っています。この言葉がひんぱんに出るようになるのが、紀元前六世紀、バビロンの捕囚《ほしゅう》の時期です。村や町が徹底的に破壊されて、廃墟のようになった。そうした状態を表現するのが「ワボーフー・トーフー」という言葉だったのです。廃墟のような状態から、神が素晴らしい世界を創《つく》った。

しかし、それを人間がめちゃくちゃにしてしまった、というメッセージがそこにあります。

五木　いまの廃墟とか、無秩序という言葉ですぐに連想するのは、アフガニスタンですね。かつては、シルクロードの桃源郷《とうげんきょう》といわれていたところで、果物《くだもの》は多くとれるし、ケシの花が一面に咲き乱れていた。私は昔の絵を見たことがあるんですけれど、これがあのアフガニスタンかと思うくらい、大きい丘陵《きゅうりょう》一面に青紫色のアザミの花が咲き乱れているんです。瑠璃玉《るりだま》アザミというんだそうですが、そういう花が咲き、果実が実る土地であったのに、わずか八十年で、いまの荒涼たる瓦礫《がれき》の砂漠と化してしまったわけです。だからなにか、そういうところに、最初の信仰の灯《ひ》がともるというのが、本当は私たちが考えている神仏の物語なんですが。

森　ええ、そうですね。

五木　やはり、いちばん深く悲しんでいるところ、いちばん深く痛んでいるところに、神や仏の力が働いてほしいと思うんですよ。仏教でいうと、阿弥陀如来《あみだにょらい》の慈悲《じひ》の光は、選別的なんですね。たとえば、風邪《かぜ》でなんとなく微熱がある患者さんがいるとする。そこに交通事故にあって瀕死《ひんし》の重傷を負ってる人が来ると、風邪の人は後回しにして、いまいちばん大変な人から救う、という考えかたなんです。そこから有名な「善人なおもて往生《おうじょう》をとぐ、いわんや悪人をや」が生まれる。健康な人は、ちょっとくらい調子悪くても、後回しでいいんだ。罪びとというか、いちばん深い痛みを抱えて、そのなかで迷っている人を、最初に救うんだという思考が、悪人正機説《しょうき》にはあるようです。

森　ああ、それはキリスト教も同じです。「医者を必要とするのは、健康な人ではなく病人である。私がきたのは、正しい人を招くためではなく、罪びとを招いて悔《く》い改めさせるためである」（ルカ5の31）と、はっきり言っているんです。

五木　そうですか。いま、聖書の書き出しは、混沌《こんとん》からはじまるとおっしゃいましたが、混沌という言葉は、なにか中国の道教的な感じがします。道教では、混沌とは生命の源なんですよね。非常に肯定的にとらえるんです。しかし聖書の場合は、そうではなくて、荒涼としたものなんですね。

森　ええ、聖書は、人間のどうしようもない罪深さと、悲しさを、浮かびあがらせようとしているのです。

五木　ああ。

森　「創世記」の二章では、人間は、土の塵《ちり》から創《つく》られたことになっています。土とはむなしさ、もろさの、そして塵は、悲しみや喪《も》のシンボルです。「土の塵」、つまり人間の内に、もろくはかなく崩れていく可能性があるということです。自分自身でも、どうすることもできない現実が、人間の内にあるということ。それをさらに加速させるのが、人間の暴力性とか、エゴイズムとか、欲望ということです。それがアダムとイヴの物語になります。

五木　ふと、思い出すことがあるのですが、私は子どものころ、父親が国語と漢文の教師だったので、『日本書紀』とか『古事記』などを、小学校にあがる前から座敷に座らされて、素読《すどく》というか、暗唱させられたんです。「あめつちのはじめのとき、まずなみなりませる神のみなは」とかね。

神様の天地創造のとき、その人たちが、あしかびのごとくに、どろどろになっているところに、矛《ほこ》を刺してかきまぜて、島ができ、あれができ、これができるんですね。「あしかびのごとく」というところが、本当に無秩序と荒涼としたものを想像します。なんで聖書と似ているんだろうと思ったことがありました。

森　私は、すべての人のこころの根っこに、この世界は、どうしてこんなに悲しく辛《つら》いものになってしまったのか、という根源的な問いがあったんだろうと思うんです。どうして人間は、こんなに苦しまなければならないのだろう。どうすれば、自分たちの生活の辛さや、悲しみをこえる、希望の光を見出せるだろうか、そういう問いがあったと思うんです。

五木　なるほど。世界存在の原点というか、出発点を、肯定的なプラス思考のイメージでとらえるか、あるいは、世間でいうマイナス志向のイメージでとらえるかというと、私は、いまおっしゃったように、荒涼とした無秩序、暗黒、そこに光がさしてくると考えるわけです。はじめに光ありき、というふうには考えられない。そうすると、人間存在の、世界存在のいちばん最初は、黒くて暗くて、なんともいえない闇が最初にある、というふうに考えてしまうんです。それは物事をネガティヴに考えるからだ、とよくいわれるところなんですけれども。

森　「創世記」の天地創造の話のあとに、アダムとイヴが楽園から追放される物語、そのあとに、兄貴が弟を殺してしまう、カインとアベルの物語がつづきます。この世界が、人間の欲望と、エゴイズムによって、非常に住みにくい世界になっていくという流れになっているんです。神がすばらしい世界を創ったにもかかわらず、世界は最終的に、闇におおわれてしまう。そうした、絶望的状態を語りながら、救いはどこにあるのか、そういうテーマになっていくんです。

五木　不思議ですね。最初に、光があった。花が咲き、鳥が歌うというような、素晴らしい世界があって、そこに嵐がきたり、いろんな災厄《さいやく》がおとずれて、荒涼となった。そして、そのなかでよみがえった、というんじゃなくて、最初は、真っ暗闇で、目がみえないような暗闇で、というような考えかたなんですね。

仏教では、この宇宙、世界の根本は苦である、と考えるんですね。だから、全然プラス思考からはじまってないんです。苦であり、しかも空《くう》であると考えると、おそろしく、かつ苦の連続ですね。

森　そうですね。

天国にはユーモアがない？

五木　話は変わりますが。私の偏見かもしれませんが、キリスト教徒というと、日本ではお行儀《ぎょうぎ》のいい、真面目《まじめ》な人たちの集団、というイメージがあります。また、アメリカの作家のマーク・トウェインは「私は天国へ行きたくない。なぜなら天国にはユーモアがないからだ」と言っているんですよ。(笑) まあたしかに、教会で笑い声というのは、あんまり聞こえませんね。いつもシーンと静まり返っている。

森　そうですね。笑い声というのはね。でも、それは日本の教会のことであって、世界的には、どうでしょうか。たとえば、アメリカの映画で「天使にラブソングを…」というのがありますね。あの映画は、黒人女性が修道院にまぎれこんで、修道女になりすまして、いろいろな騒動を起こす物語でした。自由奔放《ほんぽう》な世界でしょう。

五木　でも、あの女性は黒人ですよね。黒人の世界のなかでは、キリスト教も、真面目《まじめ》な、しかめっ面ではなく、ゴスペルやラップにつながる音楽的リズムやほがらかな笑いにしてしまう、エネルギッシュな生命の感じを受けますけど。

森　そうです。最近の日本でも、若者の行なうミサには、形式ばったものはなく、エネルギッシュな雰囲気《ふんいき》にあふれています。フォークソングやゴスペルを取り入れて、明るく自由にやっています。

五木　そうですか。でも、さきほども触れましたが、いまでもヨーロッパ各地、とくにスペイン、ポルトガルを旅して目につくのは、磔《はりつけ》のキリスト像で、それを見ると日本の若者たちは……。

森　怖い、というのでしょう。

五木　怖いですよ、やっぱり。はっきり言って。（笑）

森　それは、キリストの十字架上の死をクローズアップさせて、それを用いて、信徒たちの生活を導こうとした時代のものなんです。私が見ても怖い。（笑）でも、いまは、ほとんど血を流すような十字架像ではなくなって、シンプルになってきていますでしょう。

五木　そうですか。それをうかがって安心しました。（笑）たとえば、仏教のお地蔵さんとか、日本の民俗信仰の道祖神《どうそしん》なんかだと、道に立っている姿が、ちょっとひょうきんなところがあるでしょう。それにちょっと猥雑《わいざつ》な感じがするんです。

森　そうですね。

五木　それは、キリスト教にくらべて、仏教には、現世肯定的な要素があるからではないかと思うんです。つまり、「泥中《でいちゅう》の蓮《はちす》」という考えかたがあって、蓮《はす》の美しい花は、泥のなかから咲くのだと。「水清ければ魚《うお》棲《す》まず」みたいなところがあって、清らかさを泥中から求めるというところがあります。禅でも「俗にありて俗に流されず」とよくいいますね。

そういうふうに見ていくと、仏教のもっている強さというのは、ひょっとしたら、俗っぽさでないか。それを切り取ってしまったら、仏教はあり得ないのか、と思いいたることもあるんです。仏教は、もともと根のところでバラモン的な、インド的なものとつながっているところがありますから、エロティシズムなども、けっこう含んでいますね。

森　ありますでしょうね。キリスト教は、周囲のメソポタミア地方や、ギリシャ世界などの自由奔放《ほんぽう》な性とか、モラルの崩壊に対抗して、それのアンチテーゼとして教義をまとめていった経緯があるので、どうしても、エロティシズムと対極的なところにいたがるのでしょう。

五木　そうですか。仏教は、その点自由ですからね。生駒山《いこまやま》などには俗に「エロ観音《かんのん》」といわれる観音様があって、人気を集めているくらいですから。裾《すそ》をはだけた、おおらかなお姿の仏像もある。それはなにを意味しているかというと、お坊さんとか修行者ではない、普通の生活者、在家《ざいけ》の人たちのあいだに生活の具としての信仰が、深くはいりこんでいくための手段なんですね。それには、本来の信仰としてばかりでなく、生活習慣として浸透《しんとう》していく必要があったからではないでしょうか。

森　そうですね。キリスト教では、食事の前後にお祈りをするとか、朝夕、おはようございますという、あいさつ代わりにお祈りをささげます。

清濁《せいだく》あわせ呑《の》む宗教のたくましさ

五木　たとえば、アメリカの西部劇を見ていますと、開拓者たちの家庭では、食事の前に、父親が神様に感謝の祈りをささげて、一同が「アーメン」といって食事にかかりますよね。また日曜日になると、晴れ着を着て帽子をかぶって、教会に行きますね。そういう生活の一部になって、慣習化していることが、意外に大事なのではないかと思うんです。

森　そうでしょうね。現代のキリスト教が、かしこまりすぎているという印象を与えるのは、十七世紀のオランダの神学者ヤンセンの影響が強いんですね。ヤンセンは、ルネッサンスや、その後の人文主義に対抗して、聖なる神を強調して厳しく生きることを説いたわけです。

五木　ヤンセニズムという思想ですね。

森　ええ。信徒には、身もこころも清めて、聖なる人生を送らなければならないと訴《うった》えたのです。その厳格な教会像、ヤンセニズムが、フランスで大きな影響力をもち、それを受けた司祭たちが明治のころ日本にやってきて、伝道活動をしたものだから、日本のカトリック教会は、みな品行方正《ひんこうほうせい》で立派な人たちの集いみたいになっちゃったんですが、それは、本来の姿ではないと思いますね。

五木　なるほど。

森　ヴァチカンの足下《あしもと》の、イタリアの地方の教会に行ってみますと、泥臭《どろくさ》さを感じるぐらいです。自然児のような庶民の生活の猥雑《わいざつ》さ。牧歌的な暮らしのなかの、どろどろとしたこころ模様。そんな地域に聖人たちが多いのです。司祭たちのなかにも、大酒呑《の》みがいたり、猥談をしたりするものがいる。でも教会は活《い》き活《い》きとしているのです。

五木　なるほどねえ。（笑）そういう人間的な生活習慣のなかに、聖なるものが花開くというべきでしょうか。

森　そうですね。

五木　やっぱりキリスト教でも、泥中《でいちゅう》の蓮《はちす》ですか。（笑）泥の田んぼのなかから、美しい花が咲くのだという考えかたが、私はとても大事だと思います。

森　私もそう思います。

五木　世俗的に、いろんなことが言われているけれども、お坊さんは、お坊さんなんですよね。

森　そうですね。

五木　こういう話を聞いたことがあります。お盆のころになると、村々の小さなお寺のご住職は、原付のバイクに乗って、ヘルメットかぶって、たくさんの檀家《だんか》をまわって、お布《ふ》施《せ》をもらって歩くわけだけれども、同業者同志すれ違うときに、やあやあ、どうも、きょうはどうですか、あそこはこのくらい？　とか、お布施の額を聞き合う。そのときに指を立てたりするのは、いくらなんでもみっともないですから、昔は符牒《ふちょう》があったんだそうです。

森　へー。

五木　一は、テンムダイと言うそうです。天という字から、ムは無、大という字を取ると一になるでしょう。二は、テンムジンといって、天から人を取ると二になる。ワレムコウは、吾《われ》という字から口を取ると、五になりますね。まあ、いろいろとあって、きれいなのは、ハトムチョウ。鳩という字から、鳥を取ると九になりますでしょう。「ハトムチョウでございました」、「おー、それは大したことでございました」というような、符牒があったんだそうです。まあ、業界というところは、そういうものがありますね。

森　カトリックでは、まだ聞いたことがないなあ。（笑）

五木　そうですか。でも、それがあるから、俗っぽいとか、なんだ俗世間と同じじゃないか、とは思わないんです。やっぱり、蓮《はす》の花が咲くか、咲かないかの問題なのだから。泥の田んぼのなかじゃなくて、きれいな浄化水のなかに蓮を咲かせようとしても、それはダメだということなんですね。

森　無理なんでしょうね。前に若いころに、禅寺の龍澤寺《りゅうたくじ》に修行に行ったことをお話ししましたが、こんなことがありました。私のように、外から来ていた一般修行者は真面目《まじめ》だったものですから、九時に修行が終ると、座禅を組んだところに布団《ふとん》を敷いて、そのまま寝てしまうんです。あるとき、真夜中になって怒鳴り声がして目がさめたのです。なにごとかと思って聞いてみたら、芸者たちのところに遊びに行って、戻ってきたお坊さんが叱《しか》られていたんです。

それはそれでよかったんですけど、そのなかの一人が、しばらく経《た》って交通事故にあい入院しました。ところが、入院したとき最初にお見舞いにかけこんできたのが、飲み屋のママさんだった。（笑）そういう姿を見て、日常生活のなかに根ざしながら、矛盾《むじゅん》をかかえながら、みんな苦労して一生懸命《けんめい》神仏に向かっているんだな、というのが、なにかわかってきたんですね。

五木　そうでないと、原理主義になってしまうでしょう。あいまいなところを、ピシッと切り捨てるのが、原理主義だと思います。しかし、人間の存在そのものが、あいまいなものではありませんか。

森　そうそう。そのあいまいな、いいかげんさが、カトリックにもあるんです。清濁《せいだく》あわせ呑《の》んで生きている。マフィアとの関係なんか、その典型でしょう。

五木　そういえば、ギャングが死ぬときに、早く神父さんを呼んでくれとか、まだ告解《こくかい》していないとか、いろんなこと言いますね。（笑）

森　そうそう。

五木　あの人たちが、神の存在をこころから信じていることは、間違いないといえますね。

森　そのあたりが、カトリックの寛《ひろ》さでもあり、たくましさなのかな。

五木　でも、少なくとも、一つの信仰が、教団として、あるいは宗教として成立していくには、人間の知恵に訴《うった》えかけるのと同時に、人間の愚《おろ》かさとも、深く結びついていなければならないし、その愚かしさを、切り捨てたときに、根は枯《か》れると思うところがあるんじゃないでしょうか。

森　そうですね。宗教は結局、地の底に足をおろさないと、どうしようもない。逆にいうと、地に足がついていれば、醜いこともあり、いろいろなことで、めちゃくちゃになる。そこで、傷つき、もがきながら、そこから叫び、神を求めていくときが、本物の信仰ではないかと私は思うんですね。

第六章

一神教の謎

キリスト教は、イスラム教とおなじく一神教である。他の宗教の人びとを、異教徒として排除する、という抜きさしならぬ固定観念が私にはあった。かつてラテンアメリカや、その他の土地で先住民に対して行なった行為を知ると、誰でもそんなふうに思ってしまうだろう。

思い切って、その辺の質問を森さんにしてみたところ、淡々《たんたん》と答えてくださって、肩すかしをくらったような気持ちになった。

金子大栄《かねこたいえい》という宗教学者は、浄土真宗《じょうどしんしゅう》のことを「選択的な一神教」というような言いかたをしている。これはすこぶるおもしろい表現だ。

世界に神や仏はたくさん存在する。それを認めた上で、自分はその多くの仏のなかから、アミダ仏という仏を一筋に信じ、帰依《きえ》するということだろう。

私はそのことを、世の中に無数の母親がいるが、わが母はただ一人、というように解釈してきた。その一人のわが母を敬愛しつつも、決して他の母親たちを粗末《そまつ》に扱うことはしないのがふつうである。親友のお母さんには、できるだけ丁重《ていちょう》に接するものだ。選択的な一神教というのは、そんな意味で、自分が選んだということではない。母の力によって、私たちはこの世に生まれるのだ。それを自覚したとき、わが母、という感覚が生まれてくるのではあるまいか。

宗教に二股《ふたまた》はだめだぞ、と先輩に言われて、若い森さんは大きなショックを受けたという。かつてのカトリックにも、他の宗派の神に頭をさげてはいけない、と教えた時代があったそうだ。寛容《かんよう》、という言葉を、私は二十一世紀のキーワードの一つだと思っている。

この日本は八百万《やおよろず》の神々、そして無数の仏たちのいます国だ。そのなかで、自分の信仰をどのように守っていくか、そのことを森さんから教えていただいたような気がする。

聖書には、多種多様な神の顔がある

五木　森さんに、ぜひお聞きしたいと思っていることがあるんです。靖国《やすくに》神社のような、国家神道《しんとう》と結びついたところではなく、鎮守《ちんじゅ》の森とか氏《うじ》神様とか、長いこと村の人たちの、素朴《そぼく》な信仰の対象になっているような場所に案内されて行ったとき、どうなさいますか。拝《おが》みますか。

森　そう、敬意を表しますね。

五木　キリスト教は、ヤハヴェ以外の神を拝んではいけない一神教でしょう。いいんですか？

森　キリスト者としては、私はそういう意味では、ファジーです。（笑）多くの人は、ユダヤ教とかキリスト教というと、神のとらえかたを、一神教という堅《かた》いイメージでとらえてしまっていると思うのですが。

五木　私も、そう思っていました。

森　でも、それは大いなる誤解かな。たとえば、神をとらえるにも、聖書では、いろいろなとらえ方があるんです。「光」ととらえる場合もあれば、「親」としてとらえる場合もある。

五木 なるほど。父なる神のイメージですね。

森 ええ。それだけでなく、絶対と永遠、としてとらえる場合もあれば、「聖なる」といいますか、そこに近づけない存在というとらえかたもあります。

五木 なるほど。

森 その変幻自在の、神という超越した存在の、多様な側面を表現しているんです。

五木 多様な側面、といいますと？

森 この世界の存在と、違う存在という視点に立てば、神は絶対なるもの、永遠なるものとなります。人間を創造したという視点に立てば、神は親（父）、人間は子となる。

五木 なるほど。子である人間から見れば、父なる神となるわけなんですね。

森 ええ。また、そのこころのありかたに視点をおけば、あたたかく、優しい愛の神ということになる。また、汚れた、欲望にみちたこの世界という視点に立てば、神は聖なる存在ということになる。一人ひとりの問題意識によって、神とのかかわりかたは異なってくるわけです。

五木 人間は、人生において、いろいろな顔の神と出会うということなんですね。

森　ええ、そうです。私も、若いころは、神の永遠性とか、絶対性のほうにひかれ、集中して、そういう側面を求めたときもありました。また、「優しさ」とか「憐《あわ》れみ」に必死にすがりついた時期もありました。でも、あるときから、神との関係が、人間にとって、親のような存在だというところに、ようやく落ち着くことができました。これは、一人ひとりの人生の歩みによっても違うでしょう。当然、自然風土的な違いもあると思います。また、歴史的背景の違いも、神の理解に大いに影響してくると思います。

五木　島国の日本と、中東のシナイ半島のように、列強の国々がせめぎあっている地帯とでは、状況が異なって当然ですね。聞くところによると、『旧約聖書』のなかには、「神々」という表記もあって、最初から一神教ではなかったようですね。

森　ええ。はじめは、イスラエルの民《たみ》の、氏《うじ》神様のような存在でしたね。列強によって、つねに虐《しいた》げられ、奴隷《どれい》のような生活を強いられていた、イスラエルの民を、守り、励《はげ》まし、列強の国に災いをもたらす親神という感じですね。

五木　そのときは、唯一絶対の神ではなかったわけ?

森　ええ、当時のメソポタミアの土着の宗教や、他の国々の宗教の影響のもとにあった民族神でした。それが、少しずつ洗練《せんれん》されていくわけです。さらに進んで、イスラエルの民だけでなく、世界中の民をあまねく導き、支配する、唯一絶対の神に発展していったのです。

五木 イスラエルの民が、日本のような島国に住んでいて、他国からの侵略を受けることなく、平穏《へいおん》に暮らしていたら、もしかして、日本人のようにいろいろな神々、八百万《やおよろず》の神を敬《うやま》う、多神教のままだったかもしれないと。

森 さあ、それはどうでしょうか。ただ、日本のように、緑豊かな自然に恵まれているところでは、自然をとおして、神の優しさ、あたたかさ、光のようなものを感じることができますね。私は、神を、一神教の絶対的存在として、硬直的にとらえるよりも、その中身をしっかりととらえるべきだと考えています。つまり、本物をつかめば、それぞれの宗教の枠《わく》とか、神学の枠を超えた、普遍的なひろがりをもった神の理解につながるのではないかと思うのです。

諸神諸菩薩《ぼさつ》諸仏を軽んずべからず

五木 私は、『日本人のこころ』（講談社）というシリーズで、何人かの学者や、研究家のかたといっしょに、日本人の精神構造の原点を訪ねて歩いたことがあります。忘れられないのが、国東《くにさき》半島の、最も歴史の古い宇佐《うさ》八幡宮《はちまんぐう》に行ったときのことなんです。

森　ええ。

五木　そこで宮司《ぐうじ》さんが案内してくださいまして、いろいろ資料を見せていただいたり、説明を受けたあと、神前に着くと、ここでは正式の二礼二拍一礼《にれいにはいいちれい》でご遥拝《ようはい》くださいと言われたのです。そうすると、私としては、正直申しまして、少しとまどったんです。

森　どうしてですか？

五木　私は、特定のお寺に所属しているということはないけれど、一応、浄土真宗《じょうどしんしゅう》の門徒《もんと》というか、親鸞聖人《しんらんしょうにん》のファンですから。もともと浄土真宗は、選択的な一神教、阿弥陀如来一仏《あみだにょらいいちぶつ》なんですね。「神祇不拝《じんぎふはい》」といって、むかしから天《あま》つ神と国《くに》つ神など八百万《やおよろず》の神を拝《おが》んではいけないと、うるさく言ってきたんです。

森　ええ。

五木　戦争中、宮城《きゅうじょう》の前を歩くとき、憲兵が立っていて、頭を下げて遥拝しないと叱《しか》られるということがありました。そこを真面目《まじめ》な真宗の門徒がとおりかかると、すごく悩んだというんですね。不敬罪を恐れて頭を下げるべきか、阿弥陀如来以外は一切拝まないという立場を貫きとおすか。それで、お寺に相談にきたという記録もあります。私の場合は、ここはやっぱり、そこに集まっている人たちみんなの気持ちを、逆《さか》なでするような形でつっぱる必要はないとは思うんですが。

森　ないですね。

五木　私は、この四年間、全国百のお寺を回る旅をしているんですが、それぞれ宗派が違うわけです。なかには柴又《しばまた》の帝釈天《たいしゃくてん》のように、仏教の神様だけでなく、ヒンドゥー教の神様が祀《まつ》られているところもあるわけですね。そういうときに、どう対応するか。お寺のかたは、一生懸命《けんめい》案内してくださる。そういうところで、ヒンドゥー教に頭を下げる必要はないと、絶対に言えないと思うし、言うべきでないとも思うんです。

森　そうですね。

五木　蓮如《れんにょ》という人は、くり返しくり返し、人びとにあたえた文章のなかで、「諸神諸菩《しょしんしょぼ》薩諸仏《さつしょぶつ》を軽《かろ》んずべからず」と言いつづけているんですね。蓮如が日本に真宗の思想を広げていくときに、いたるところで、神道《しんとう》とか、在来のいろいろな信仰と衝突する。そこで、新宗教としての仏教を広げていく上で、攻撃的になってはいけないと言いつづけたんですね。

森　キリストの弟子《でし》のパウロも、コリントという地の教会の信者宛てに書いた書簡のなかで、布教の方法について、非常に現実的な対応法を示しています。

「わたしは、だれに対しても自由な者ですが、すべての人の奴隷《どれい》になりました。できるだけ多くの人を得るためです。ユダヤ人に対しては、ユダヤ人のようになりました。ユダヤ人を得るためです。律法に支配されている人に対しては、わたし自身、そうではないのですが、律法に支配されているようになりました。律法に支配されている人を得るためです」

（「コリント」第一の九の19～20）

そして、この章の最後には、

「すべての人に対して、すべての者になりました。なんとかして何人かでも救うためです。福音《ふくいん》のためなら、わたしはどんなことでもします」（23節）

と書いてあります。すべての人に対して、すべての者になるということは、自分たちの信仰の形式にこだわらず、相手の懐《ふところ》に飛びこんでいくということではないかと思うんです。

五木　でも、キリスト教の神父さんや牧師さんは、仏式の葬式や法事に、出席することを禁じられていると聞いていたんですが。

宗教に二股《ふたまた》はいけないという忠告

森　むかしは、たしかに、そうでした。自分たちの、正統性を守ろうとする姿勢が強かったからです。聖職者だけでなく、信徒のなかでも、いまでも異教の神を拝《おが》むことに対して、ためらいを覚える人もいると思います。その点、私は最初からいいかげんだった。（笑）

さっきも言いましたが、カトリックの洗礼《せんれい》を受けたあと、四年間くらい、禅寺の道場で生活して、お坊さんたちといっしょにお経なんかも唱《とな》えた時期がありますから。

五木　そうでしたね。

森　お坊さんたちに、墨染《すみぞ》めの衣《ころも》を借りて、座禅をやっている写真も、たしか残っているはずですよ。

五木　三島の龍澤寺《りゅうたくじ》で。

森　そうそう。私がお世話になっていたころは、山本玄峰《げんぽう》さんという、ネズミとも会話ができるといわれた、百歳で亡くなった老師がおいでになりました。

五木　そのとき、ご本尊《ほんぞん》の前で合掌《がっしょう》するわけですが、こころのなかで、なにをおっしゃってましたか？

森　こころのなかでは、神様です。私は、カトリックの教える神様を、否定してはいませんでしたから。ところがあるとき、沖縄から、たいへんにまじめなお坊さんが修行に来て、その人が私のことを知って、「話があるんだ」と言われまして、二人だけでじっくりと話しあいました。

五木 ええ。

森 彼の話というのは、信仰に二股《ふたまた》はいけない、ということだったんです。禅をしたければ、禅に徹しなさい。カトリック信者として生きたければ、カトリックに徹しなさい。どの宗教にも信じる神がある。神を信じるということは、命がけであるはずだと。

そのとき、頭をガーンと打たれるような、すごいショックを受けて、一瞬、頭のなかが真っ白になりました。まさにそのとおりだと思ったのです。そこで、すぐさま自分は、カトリックで探してみますと言って、山を降りて、カルメル会での修道生活にはいったわけです。

五木 森さんの場合は、仏と神と、両方を信じる道を歩いていたけれど、ある時点で、ひとつを選択したということになりますか。

森 結果的には、そう言えるかもしれません。私を禅寺に紹介してくれた人は、どの宗教も、最終的なものは同じで、そこにたどり着くまでの道が違うだけだ。富士山に登る道は、いろいろあるけれど、究極は同じところへ行くのだから、利用できるものは、利用しなさいよと言ってくれたのですが。

五木 日常生活のなかでは、いろいろな信仰をもっている人たちと、いっしょに暮らさなけりゃいけませんね。

森 そうですね。

五木 一つの信仰を生きる場合、自分の信心を守りきる勇気とともに、他人の信仰に対して、寛容《かんよう》になることを忘れてはならないと思うんです。

森 ええ、ええ。

五木 むかし真宗《しんしゅう》の門徒《もんと》で、開拓村にはいっていかれたかたが、鎮守《ちんじゅ》のお祭りだから勤労《きんろう》奉仕《ほうし》で、いっしょに働いてくれとたのまれたのですが、「弥陀一仏《みだいちぶつ》」に反するからといって、拒絶したんですね。そうすると、村の消防団が来て、その人の家の屋根瓦《がわら》をホースで吹っ飛ばすという事件が起きたという。「弥陀一仏」を、原理主義的にしてしまうと、迫害されようが、なにをされようがかまわないといった、過激なことになってしまう。

森 その危険性は、つねにありますね。日本のカトリックの歴史でも、迫害された信者たちが、殉教《じゅんきょう》した歴史があります。長崎の、二十六聖人の殉教などが有名ですね。私がいつもこころを痛めるのは、信者を殉教《じゅんきょう》に追い詰めるような、地域社会の非寛容《かんよう》性です。

五木　そうですね。真宗《しんしゅう》にも、隠れ念仏というものがあって、これは薩摩《さつま》藩《はん》や相良《さがら》（人吉《ひとよし》）藩が念仏を禁制《きんせい》にしたところからはじまるんですが、拷問《ごうもん》に屈せず、地下に潜《もぐ》った門徒《もんと》たちが、秘かに隠れて念仏を行っていたわけ。そのために、たくさんの人たちが、石抱きの刑とか、悲惨な死にかたで殉教しているんですよ。

森　カトリックでも、ほかの宗教に頭を下げるのは、罪。葬儀さえも出席しちゃいけない、という排他的な時代が長くありました。

五木　いまでも、そういう厳《きび》しい原理主義的教団が、キリスト教のなかにありますね。

森　カトリックの世界では、そうした姿勢はだんだんに弱まってきています。たとえば、マザー・テレサは、生前、ヒンドゥー教の人が亡くなるときは、ヒンドゥー教のお経を唱《とな》えてあげて送っていますね。それでいて、マザーの活動の源泉は、ゆるぎないカトリックの神への信仰でした。

その根源にあるものは、人間の生命はかぎりなく尊《とおと》いという、キリストの教えであったと思うんです。それが、これからの宗教のあるべき姿ではないでしょうか。それを失うと、狭量なドグマ（教義・教条）に縛《しば》られた、原理主義に陥《おち》ってしまう。

五木　ほんとうですね。私もそんなふうに考えて、仏教の寺院でも、神道《しんとう》の神社でも、どこでも、とにかく手を合わせて、こころのなかで「ナームアミータ」とつぶやいているんです。南無阿弥陀仏《なむあみだぶつ》の、もともとの言葉なんですね。無限の光、無限の時間という意味で、南無というのは、そこに帰依《きえ》しますという意味ですから、ナームアミターユス・ナームアミータ、無限の光、無限の時間に帰依します……とこころのなかで唱《とな》えながら、お寺でも神社でも頭を下げているのです。

森　そうですか。

歴史上の過《あやま》ちを謝罪した教皇の勇気

五木　それと、前から気になっていたんですが、キリスト教のかたが、よく使われる言葉に「異教徒」というのがありますでしょう。異教徒という考えかたのなかには、自分たちの宗教以外は、全部敵という意識があったんではないですか。

森　そうですね。いまは、違いますけれど、むかしはたしかにありました。キリスト教以外の宗教を信じている人たちのことを「異教徒」といって、弾圧した時代がありました。それはキリスト教に限らず、ひとつの宗教が、社会の多数派になってきたときに現われてくる保身的な暴力性だと、私は思います。キリスト教の場合、ローマ社会で公に活動が認められるようになって、社会の多数派になったときに、ほかの神々を排除する意図《いと》で、その信奉者たちに対する、徹底的な弾圧をはじめています。ユダヤ教が多数派だった社会では、逆にギリシャ人も、ローマ人も、異邦人になってしまう。「異教徒」という言葉には、差別と排除の論理が働いているんですね。怖いです。

五木　日本の場合、江戸時代の切支丹《キリシタン》弾圧のときは、キリスト教のことを邪宗《じゃしゅう》といって迫害しました。邪宗という言葉を『広辞苑』で引くと、「世に害毒を流すような不正な宗教」とあります。邪宗門と異教徒、両方とも、冷酷な語感のひびきですよね。

森　そうですね。

五木　ヨーロッパの大航海時代に、キリスト教のミッショナリー（宣教師）たちが、いろんなところへ出て行ったとき、現地で相当残虐《ざんぎゃく》なことをしていますね。たとえば、スペインが進出していったときのラテンアメリカでもそうです。先住民を、人間として認めないというぐらいに。

森　そう。あれは、私もひどいと思います。ポルトガルはアフリカを回り、ケープタウン経由で、インド洋からアジアの地域に来ましたでしょう。スペインは、大西洋を横切ってカリブ海にたどりつき、そこから中南米に侵攻していったわけですが、そのとき、宣教の方法には、三つの基準がありました。
一つ目は、その国に権威者がいて、その統治のもとに秩序がある場合には、その権威者のところに行って、ゆるしを求めて宣教活動を行なう。キリシタン時代の日本は、これにあてはまりました。
五木　なるほど。
森　ところが、二つ目の識字能力も秩序もない地域とか、三つ目の識字能力はあるけれど、権威者がいない地域では、宣教師たちと兵士たちが一体となって、地域全体を強引にキリスト教へと、導き育てていこうとしたのです。
五木　中南米が、まさにそのケースですね。
森　ええ。当時の中南米の人びとが信じる宗教は、キリスト教にとって異教であり、悪魔の宗教である。だから、破壊してもいい、という乱暴な理屈でもって、宣教活動を展開したのです。
五木　そういう意識があったから、インディオの生活や伝統を根こそぎ壊しても、なんの痛痒《つうよう》も感じなかったのかもしれませんね。

森　ごくごく最近まで、現地の人たちが、司祭になるのも認めていませんでした。西洋文明の、優越感も働いていたのですね。

亡くなられた教皇ヨハネパウロ二世は、そのことについて、大変な過《あやま》ちを犯したといって、謝罪しました。そのとき教皇が、カトリック教会の過ちとして指摘したものは、十字軍、異端審問《いたんしんもん》、プロテスタントとの分裂の原因ともなった、高位の聖職者たちの腐敗堕落、そして、いまおっしゃった、中南米やアフリカへの植民地主義と結びついた宣教活動等です。ほかにも、ガリレオ・ガリレイの宗教裁判に象徴される、自然科学への弾圧、そしてナチのユダヤ人弾圧に対して、沈黙していたキリスト教会の態度を自己批判して、謝罪しました。

五木　それは、勇気あることですね。過去の歴史の汚点を明らかにして、謝罪するということは。普通の人間の知恵や、小賢《こざか》しい政治的判断では、なかなかできるものではない。

森　だと思います。やはり、教皇の決断は、神からの導きだったと信じています。

ブラジル日系社会に真宗門徒《しんしゅうもんと》が多いわけ

五木　中南米のブラジルには、浄土真宗《じょうどしんしゅう》も進出しています。数年前に行ってびっくりしたのは、お寺の数も多いし、ブラジル人のご住職も大勢いらして、熱心に布教活動をしていらっしゃるんです。

森 ブラジル人のご住職もいらっしゃるの？

五木 ええ。日本に来て龍谷《りゅうこく》大学とか大谷《おおたに》大学を卒業して、現地に帰って、自分たちでお寺を開いていらっしゃる。そこでは、ポルトガル語でお説経をする。つまり日系社会とか、日本人のタッチしていないところで、教義を広めているんですね。その講話会というか、日曜日の法話には、現地のブラジル人がたくさん集まると聞いています。

森 そのぶん、教会のミサには、来なくなるのでしょうね。（笑）

五木 ええ。申し訳ない。（笑）おそらく、ブラジル人のご住職のお説経と、日本人の仏教のお坊さんの説経とは、ずいぶん違うと思うんですね。違わなければ根付かないと思います。

森 そうでしょうね。それにしても、なんでブラジルに浄土真宗のお寺が多いんでしょうか。

五木 それなんですよ。私も不思議に思って聞いてみたら、ブラジルへの移住者は、真宗王国といわれている、広島、北陸などの出身者が多いんですよ。

森　ああ、そうですか。

五木　いわゆる安芸《あき》門徒《もんと》、三河《みかわ》門徒、加賀《かが》門徒という人たちは、とくに蓮如上人《れんにょしょうにん》の教えに影響を受けた地域の人たちなんですね。蓮如という人は、えらく毀誉《きよ》褒貶《ほうへん》のある人なのですが、子どもが大好きで、子どもを可愛《かわい》がって、宝物のようにしたという伝説があるんです。子どもが生まれると飛び上がって喜び、子どもが早死にすると、泣き伏して悲しんだという伝説が伝わっているんです。「蓮如さんは、赤ん坊が大好きじゃった」という伝説がずっとしみこんで残っている地域では、「間引《まび》き」というものをあまりやらなかったんですね。東北地方なんかでは日常化していましたけれど、真宗《しんしゅう》の教えが深くしみこんでいる地域では、あまり行なわれなかった。

森　うーん、そうすると、子沢山《だくさん》になりますね。カトリックでも、そのむかしはバースコントロールを厳《きび》しく禁じていたから、それを厳密に守ろうとすると、九人兄弟、十人兄弟といった家庭が多くなってくるんです。

五木　そうですね。普通の貧しい百姓たちが、間引きをしないということは、子沢山になる。「貧乏人の子沢山」というけれども、生活がどんどん貧しくなっていきます。そういう人たちが、戦前から、満州や、ハワイや、中南米に移民として行ったともいわれますね。

ですから、間引きが少ないという根底には、「蓮如さんは、やや子がお好きじゃった」「間引きをすると、蓮如さんが悲しまれる」、という記憶があるんじゃないかと思うんです。つまり、真宗では間引きをしてはいかんぞ、と教えているわけではなく……。

森　肌で認める……ということですか。

五木　そう。肌で感じているんです。そのために子沢山になる。子沢山になるから生活が苦しい。苦しいから、日本列島からはみ出して、海外へ出て行く。こういう構図ができ上がっていったんでしょうか。なにか、感慨《かんがい》ぶかいものがありますね。

森　そうですね。そうやって海外に出て行った人たちが、浄土真宗《じょうどしんしゅう》という信仰の種子を持っていき、それがいままでは、いくつかの木となって育っているわけですね。

五木　そう。もう一つ、ついでに真宗の話をさせていただくと……。

森　どうぞ、どうぞ。

五木　海を渡った真宗の人たちは、みんな生活態度が勤勉だったんです。大酒は呑《の》まない、博打《ばくち》はしないと。

森　そうですか。

五木　事実、真宗の家は、いまでも、遊びで魚釣りなんかやらないんです。やってはいけないという戒律《かいりつ》があるわけではないですが。たとえば、私が真宗《しんしゅう》の家の子どもに「ポーカーやろうか。いくら賭《か》けてやろうか」と言うと、にこにこ笑って「やらない」と言うんですよ。博打《ばくち》もやらない。魚釣りのような遊びのための殺生《せっしょう》も、一切やらない。七五三もやらない。ストイックな家では門松《かどまつ》も立てないんです。

森　そうなんですか。

五木　真宗のお寺のお嬢さんが、子どものとき、同じ年ごろの人たちが着物を着て、千歳《ちとせ》飴《あめ》なんか持っているのを見て、羨《うらや》ましくて仕方《しかた》なかったというんですが、そういう意味では、ひそかに、ストイックに、信仰を守っている家がいっぱいあるんですね。

森　なるほど。地に足がついた信仰という感じがしますね。

五木　だから、移住しても、現地で勤勉によく働く、博打はやらない、酒も呑《の》まない、親切で優しい、などいろいろな面で、真宗の人たちはブラジル人から信頼されて、この人たちならと喜んで受け入れられたんだという自慢話を、現地で聞いたことがありました。

森　なるほどね。

第七章

祈りの謎

先日、バルト三国のエストニアという国へいった。タリンという古い首都を訪れたのである。

タリンはむかし、「塔林」と書いた。「伯林」と書いてベルリンと読んだようなものである。ただの音合わせかと思っていたのだが、タリンは古い教会の塔が、林のように立っている街だった。なるほど、と納得したものだ。

ある日、通りがかりにふと教会の扉を押してなかへはいった。かすかな歌声がきこえていたからである。

そこではミサが行なわれていた。天上から降りかかるような美しいコーラスが教会の内部に響いており、信徒がくり返し胸に十字を切っている。姿の見えない合唱団は、祭壇《さいだん》の背後にいるらしい。歌があり、朗唱《ろうしょう》がひびき、ふたたび歌がはじまる。まったく通りがかりの私が、思わずひざまずきたくなるような感動がこみあげてきた。

考えてみるとエストニアは、合唱の国として有名な国である。それにしてもあの、この世のものとは思えない合唱のなんと美しかったことだろう。その歌に深い祈りがこめられているとすれば、そこにいた信徒の人びとの心には、どれほど深い感動がわきあがってきたことだろう。

バルト海に面した北欧の小国での体験は、いまも忘れがたい。宗教を、単に思想としてだけ考えるのは、あやまりではないだろうか。

この章では、私のほうから積極的に、音楽をめぐって問題を提起させてもらった。

若い人たちが、キリスト教とは関係なく教会で結婚式をあげたがる心理の背後には、無意識の衝動《しょうどう》がありそうな気がする。そんなミーハー的な気持ちを決して軽んずるべきではない、というのが私の考えだ。

見えざる神との官能的なつながり

五木　神は見えない、また、見えないからこそ、人間の限界を超えた無限の存在なのだという言いかたもあります。その見えざる神を、人間の智慧《ちえ》とか、五感とかを、精一杯駆使《くし》して、つかまえようとしたものが、教会音楽であり、典礼であり、祈りの形式だと思うのですが。

森　そうですね。

五木　ドイツのハンブルクに、古い教会があって、ザンクト・ミヒャエル教会といったかな、煉瓦《れんが》の塀《へい》に囲まれた立派な教会なんです。そこに、ヨーロッパで最古というパイプオルガンがありました。その教会では、階下で話しているのが、二階席にいてもくっきりと聴こえるんです。スピーカーもマイクも使わずに、普通に喋《しゃべ》っているのが教会中に聴こえる。そういうふうに、共鳴体《きょうめいたい》として、建築がものすごくよくできているわけです。教会の壁全体が、ギターの胴みたいになっているんでしょう。ですから、そのなかでパイプオルガンを演奏して、バッハとかハイドンとかを弾《ひ》くと、百雷《ひゃくらい》のような音で、天上から音楽がだーっと流れこんできた、と感じるに違いないと思うんですよ。

森　ええ。

五木　そのときに、それを聴いている人たちの感動には、すごいものがあると思います。たとえば作曲上、対位法的に楽理的によくできているとか、そういうことではなくて、もう物理的に、ロックのコンサートに行くのと同じように、座席までも振動するような音が天上からふりかかってくるわけだから、なんともいえない、不思議な、神秘的な、非日常な信仰空間のなかに人びとがはいりこんでいく。そういう演劇性が仕組まれていると思うんですね。

森　そうですね。

五木　ロシアは、紀元一千年ごろに、国としてキリスト教を採用していくわけですが、どの宗教を入れようかと、いろいろ調査したそうです。いろんな宗教があるのだけれども、そのなかで、ギリシャ正教にしようと決めた人たちの発言がおもしろい。彼らは、ギリシャ正教のキリスト教の教義よりもなによりも、あの荘厳《そうごん》なミサの美しさに魅せられてこれを選ぶことにした、と書いているんですね。言っていることは、ラテン語でわからないけれども、お香の煙が出てくる、朗々《ろうろう》とひびく声がある、そしてア・カペラの合唱が響いてくる、ああ素晴らしいと。私は、それは正解だと思うんです。ロシア人の、ロシア正教に対する根底には、そういった感覚的なものがあります。官能的といっていいようなね。もともと宗教には、そういうものが潜《ひそ》んでいるのではないですか。

森　ええ。

五木　ですから、親鸞《しんらん》の「仏様には形も影もないんだよ。光明《こうみょう》なんだよ。光なんだよ。希望なんだよ」という言葉は、近代の哲学者などには理解しやすいだろうけれども、私は真《しん》宗《しゅう》には、すこし官能性が欠けるところがある、とひそかに思っているのです。宗教というのは、理論の言葉で表現できない、体に染《し》みこんでくるものが信頼性の根底にあるといいますか。

人間は、見えざる神と、密接なる関係を持ちたいと願っている。その実在を感じ、魂《たましい》の底から、思わずこみあげてくる思いが、祈りではなかろうかと思います。そして祈りには、神様仏様、病気を治してください、商売を繁盛《はんじょう》させてください、家内安全をお願いします……という現世《げんせ》利益《りやく》的願いごともあれば、神様仏様を讃美《さんび》するものもあります。森さんは、どんな祈りがお好きですか。

森　『旧約聖書』のなかに、詩篇《しへん》という短い詩が百五十五編集められたものがあるんです。「聖書のこころ」と言われているように、イスラエルの民衆が、神にたいする素朴《そぼく》な思いを語ったものです。主への讃美や教訓に交じって、多くの部分を占めているのが、嘆《なげ》きの詩篇という祈りで、私が最も深く共感するものです。

五木　嘆きの詩篇には、生活の苦しみや、愚痴《ぐち》が歌われているんでしょうか？

森　ええ。たとえば、ある女の人が年老いてしまって、みんなにそっぽを向かれて悲しんでいる……とか。ある男が、友人から裏切られて傷ついたとか。そういう、日常の苦しみや嘆きを、切せつと神に訴《うった》えているものです。

五木　それは、声に出して歌われるんですか？

森　ええ。神殿や会堂で。素朴な悲しみに共感する人たちが、大勢いたわけですね。みんなそういう悩みを、人知れず抱えているから共感しあう。それが、神殿や会堂のなかでいっしょに響き合う。その叫びを受け取って、希望を与えてくれる神を、またみなで感謝するという祈りなんです。

生活の根っこのなかで出会う神

五木　ある種の宗教的エクスタシーが、神殿のなかにあふれて、民衆の生活の苦しみを受け取ってくれる歌となる。神の存在を肌で感じるんでしょうね。

森　生活の根っこのなかで、生きてとらえられてきたものを、祈りとして表わしている。それが、詩篇の基本になっているんです。

五木　ゴスペルソングについて、ある本を読んだら、こんなことが書いてありました。身体能力が発達していて、三分間お説教を聞いていられない人たちは、そのうち貧乏ゆすりしたり、かならずといっていいほど体を動かしたりするので、説教者が彼らのリズムに合わせて、言葉にめりはりをつけ、そしてメロディーをつけ、そこからゴスペルソングが発生したと。最後は、踊って、歌って、失神したりする人が、なかに出てきますね。見ていると、ブラジルのカンドンブレと似ているんですよ。それを宗教の夾雑物《きょうざつぶつ》として切り捨てるのはまずい、と思うのですが……。

森　カトリックの祈りのありかたは、歴史的にはいろいろな形をとってきています。その根底にあるものは、神に支えられてきた人びとの、いのちの喜びです。それが伝承として受け継がれてきています。それこそ『万葉集』の詠《よ》み人知らずのような、歌と祈りがある。一人ひとりの詠《うた》ったものが、だんだんに蓄積されていく。それがやがて典礼、儀式として形づくられてきました。

さっきおっしゃった、ギリシャ正教の典礼などにも、独特なものが生きています。「キリエ、エレイソン」(主よ、憐《あわ》れみたまえ)という言葉を、なん回もなん回もくり返す。同じ言葉をくり返しながら、その言葉と、自分たちの人生をあわせていって、それに応《こた》えてくれる神のいのちを、肌で感じ取る。その単純なくり返しの響きの美しさは、理屈のない世界だと思います。

五木 常行念仏《じょうこうねんぶつ》のようなものですね。教義だけでは、宗教は絶対に広まらないと思いますね。

森 無理でしょうね。

五木 日本仏教が根付いたのは、そのなかに、さまざまな形での娯楽とか、そういうものがいっぱい入りこんでいたからだと思うんですよ。

たとえばの話ですが、明治以来のキリスト教の伝道のありかたは、たぶん、日本語で話さなければいけないわけですね。すると、もともとの聖書のもっている、リズムとか、言葉のひびきの美しさとかは、かならずしも日本語として、私たちが読んで、さほど美しく感じられない。芸術作品になっていないところがあるんですね。私は、信仰が芸術でなくていいというふうには、思わないんです。

森 ええ。

五木　親鸞《しんらん》は、年を取ってから、七十歳、八十歳をすぎてからですが、「和讃《わさん》」というものをたくさん書きました。和讃というのは歌ですね。おばあちゃんたちから子どもたちまで、みんなが単純なメロディーをつけて、口ずさめるような歌なのですが、その歌を書くときに、親鸞は七五調という形をとるんですね。それは、親鸞のちょっと前の世代、平安末期から鎌倉初期にかけて、日本で大流行した「今様《いまよう》」という、巷《ちまた》の歌謡曲のスタイルなんです。古典的なものは「昔様《むかしよう》」と言われるのですが、そちらは五七調が多い。今様は、車を引く人たちから、春をひさぐ遊女まで、みんな歌う。後白河法皇《ごしらかわほうおう》のような、宮廷の人たちまでが憧《あこが》れて、それを勉強したと言われるぐらいに当時流行した歌で、古文書《こもんじょ》によると、道を行く人びとが首をふりながら、今様を歌わぬ者なし、というくらいに流行したらしいんですね。

森　そんなに。

五木　ええ、ポピュラーな、人情、風俗、いろんなものを詠《うた》いこんでいる歌ですが、そのなかには、寺社詣《もう》での歌、お伊勢《いせ》詣でとか、熊野《くまの》詣でとか、いろいろある。いまで言うと、歌謡曲・演歌のスタイルを踏襲《とうしゅう》しながら、そのなかに、聖徳太子《しょうとくたいし》に対する憧れとか、仏に対する鑽仰《さんぎょう》の念とかまでを詠いこんだのが「和讃」なんですね。

森　そうですね。

「説経」は一つの芸である

五木　和讃、御詠歌《ごえいか》というのは、当時の人びとの生活のなかに深くはいりこんで、歌う機会のない人が、法話のときに、いまのカラオケみたいに集まって、みんなで声をあわせて御詠歌を歌う。ということは、ただ楽しいだけじゃなくて、仏につうじるというさらなる感動が、そこにあるわけじゃありませんか。それを、何百年もくり返してきた記憶が、いまの日本人のこころの痕跡《こんせき》となって残っている。それが、仏教のなかにあるだろうという気がするのです。

森　なるほど。

五木　私は一度、和歌山県田辺《たなべ》の聖徳寺《しょうとくじ》というお寺にうかがったときに、古風な説経師のかたの「説経」を聞く機会がありました。その説経は一つの芸なんですね。エンターテインメントになっている。

たとえばかつて、広沢虎造《ひろさわとらぞう》という浪曲《ろうきょく》の第一人者が、浅草六区で公演したとき超満員でした。ところが、道路をへだてた向かい側の小屋は、超満員どころか、十重二十重《とえはたえ》に人が取り囲んで順番を待っているという。その話を聞いて、虎造《とらぞう》はムッとして、いったいだれが、なにをやっているんだ、見て来いと、若い衆《しゅ》に見にやらせた。帰ってきて「先生、説経（節《ぶし》）でございました」と言うと、虎造が「ああ、説経（節）ならしょうがねえや」と言うんです。それくらい説経（節）というのは芸として、つまりエンターテインメントとして、興行になるくらい流行《はや》っていた。

森　力があった。

会衆《かいしゅう》と語り手が一体になる高揚《こうよう》感

五木　「唄《うた》入り観音経《かんのんぎょう》」などもそうですね。たとえば、仏の慈悲《じひ》の導きによって眼が開いたとかいう話ですから。その原型が、聖徳寺《しょうとくじ》の、その説経師の説経のなかにあったんです。本山から派遣《はけん》された、説経師という肩書きを持ったかたなんですが、そのかたが説経しますと、アショカ王の物語とか、親鸞聖人《しんらんしょうにん》（と弁円《べんねん》の対決）や、板敷山《いたじきやま》の法難の場面が、浪曲《ろうきょく》のような、講談のような感じでリアルに迫ってくるんですね。クライマックスにさしかかってくると、集まっている聴衆たちが、みんな聴き上手《じょうず》だから、ああ、そこそこ、ナマンダ、ナマンダーと、声をあげていくわけですね。ちょうど、ゴスペルソングのときに、ハレルヤ！　とか、アーメン！　とか言うように。

森　なるほどね。

五木　それを「受け念仏」と言うのだそうです。受け念仏の上手な先輩たちがたくさんいて、クライマックスにさしかかると、聴衆のほうから、わーっと、なんまんだぶ、なんまんだぶ、そこだ！　とか、お助け！　とか声がかかる。すると、説経師の声がオクターブ上って、一段と情熱をこめる。もう、会衆《かいしゅう》と語り手が一体になって、高揚感《こうようかん》が盛り上がっていく。

はあー、日本にも、ゴスペルソングの教会と同じようなこうした雰囲気《ふんいき》が、ずっと津々《つづ》浦々《うらうら》に、じつはむかしから、ずっとあったんだ、それがわずかに残っているのが、いまの仏教なんだろうな、と思いましたね。

森　いまのカトリック教会の普通の集まりでは、そういう説経はないですね。山谷《さんや》とか釜ケ崎《かまがさき》の集まりのミサのなかでは、ときどきあると聞いていますけれど。

五木　日本では、ないのですか。

森　いやいや。ヨーロッパでもない。（笑）とにかくカトリックの場合、ある時期、正統な教えを伝えようという意識が強く働いていましたから、その影響が残っていてどことなく形式ばって、重苦しいですね。いまおっしゃったような、演劇というか、情感に訴え、こころを揺さぶるような説経、魂《たましい》の根源に触れようとするような説経は、残念ながら少ないですね。もともとの詩篇は、聴き手、そこにいる人と先導者とが渾然《こんぜん》一体となっています。それぞれの人生が、そこで受けいれられているという一体感が、祈りだったと思います。

その詩篇の祈りは、いまのカトリック教会でも受け継がれ、司祭たちや、修道者たちの祈りとして義務づけられています。

五木 ああ。

森 しかし、それは、説経（節《ぶし》）とは違いますね。

五木 黒人教会のゴスペルソングは、プロテスタントですね。

森 プロテスタントですね。

五木 あれをやっている最中に、牧師さんが強調してなにか言うと、観客席から、アーメン！　とか、ハレルヤ！　とか、歌舞伎《かぶき》で芸に掛ける、成駒屋《なりこまや》！　みたいに、いいタイミングで掛かるんですよね。あれが盛り上げていく。

森 それに似たようなことは、私が団長として行った、ローマでの青年大会で体験しました。二〇〇〇年の、世界各国から三百万人の青年が集まった大会です。日本からも、三百人近い青年が参加しました。ローマの郊外の、大学建設予定地の建物がほとんどない空《あき》地にテントを張って、若者たちが教皇のミサに与《あず》かったのです。朗読された、聖書の内容を表現する青年たちのダンスが、ミサの最中に自然に起きた。

五木　ほう。

森　お祭りのような雰囲気《ふんいき》がありましたが、教皇と若者たちが渾然一体となっていまして、じつに気持ちよかったですね。熱気に溢《あふ》れていました。そのとき、やはり新しい言葉というのは必要だ、と思いましたね。新しい言葉やかたちで、自分たちの祈りをささげるということが、大切なんですね。

五木　そう思いますね。

なるほど。新しい言葉をつくることに関しては、仏教の世界も停滞している。私は、新しいお経が、なんで書かれないのだろうと思っているんです。いまの人たちにわかるような文章で、新しいお経が、なぜ書かれないのだろう、どんどん書けばいいんですよ。

しかも親鸞《しんらん》は、和讃《わさん》をつくるときに、七五調を使いました。いまでも歌謡曲は、七五調を使いますね。「若く明るい　歌声に……」、親鸞は七五調を使うことで、口になじみやすく、だれでもが言いやすい言葉を選んだわけですね。

森　七五調というリズムが、日本人の体のなかにあるんですね。

五木　あるんです。

森　それが響くんでしょうね。

五木　そうなんです。どうしてもそうなってしまう。いろいろやっても、そうなるんです。ヨーロッパの詩人、いや中国の詩人だったか、ある日本の有名な作家が書いた散文詩を読んで、これは随筆ですか、それとも散文ですかと聞いたというんです。いや、これは日本では、詩としてあつかわれていると言うと、彼が、詩というものは脚韻《きゃくいん》とか頭韻《とう》とか、約束ごとがものすごくあるものではないんですかと、首をひねったという。

森　やっぱり、リズムが大切なんですね。

五木　リズムと音《おん》韻。

森　音韻ですね。

五木　おそらくバイブルとか、教会で唱《とな》えるラテン語の言葉などでも、聞いていて、うっとりするような雰囲気《ふんいき》があったんだと思いますね。

森　グレゴリア聖歌には、リズムがきちっとあるみたいですね。カトリックが、明治になってはいってきた時うたった歌は、ほとんど、ドイツとかフランスのリズムのものです。最近は自分たちで作ろうとはしていますが、まだまだ底が浅い。

五木　講談調でやってもらいたいですね。（笑）日本語のリズムに、合わせてつくってもらいたい。

森　京都の神父で、ミサを歌舞伎調《かぶきちょう》でとなえる人がいます。（笑）

五木　歌舞伎ならまだいいけれども、綾小路《あやのこうじ》きみまろみたいな、漫談でやったら叱《しか》られるでしょうね。

森　どうでしょう。たまに、謡《うたい》のリズムでやる人もいますね。

五木　奈良の当麻寺《たいまでら》では、当麻曼荼羅《まんだら》という極楽浄土《じょうど》を描いた絵が……。

森　ありますね。

五木　それを、竹の棒で指しながら、説経絵解《えと》きをやるんです。当麻寺は、民衆の寄進で成り立っている寺だから、経営はむずかしいんですけど、千年以上、ずっとつづいている。それは、たくさんの一般観光客というか、一般聴衆を集めたからなんですね。美しいお坊さんが、美声を発して、ときには笑わせ、ときには泣かせ、ときにハラハラさせながら、巧《たく》みに中将姫《ちゅうじょうひめ》の物語を語って聴かせる。みんなうっとりして聴く。それが名物で、繁盛《はんじょう》してきた寺なんですね。

森　ええ。

五木　そこで、説経に使うときの台を「高座《こうざ》」と言うんですよ。ここから、落語とか講談の「高座」がきているわけです。

森　ああ、そこからきているわけですか。

五木　日本の芸能の原点は、当麻寺《たいまでら》なんですよ。

森　そうですか。

五木　ヨーロッパのクラシック音楽の原点が、教会にあったと同じようなことだと思いますが。

森　そうですね。

五木　そういう意味では、講談、落語、浄瑠璃《じょうるり》、長唄《ながうた》、ありとあらゆる音曲《おんぎょく》、浪曲《ろうきょく》までもが、そこからずっと派生してくるわけだから、宗教は、単に信仰だけでなく、生活全般のカルチュアと、深くかかわっているものなんですね。

第八章

女性信者の謎

「女性信者の謎」という思わせぶりな見出しがついているが、この第八章は、私としては全力をあげて森さんに挑戦したつもりの章である。

信仰と教団、個人と組織、そしてリーダーと民衆、古代から現代にいたるまで、宗教はつねにこの大きな対立を抱えつつ動いてきた。

人はなぜ宗教を求めるのか。民衆が求める現世利益《げんせりやく》を、どう考えればよいのか。

森さんは、自分は司教職に向いていないと考えて、前のローマ教皇に辞表を書いたことがあるという。本当に謙虚に考えて、だれが、多くの悩める人びとを導くことに自信を持てるだろう。だが、人びとは心からそういう存在を求める。

僧は黒い衣《ころも》だけでよい、と考えても、信徒たちがそれを許《ゆる》さないという現実の皮肉さ。

本当の宗教家とは、自分が偽善者《ぎぜんしゃ》の立場に立つことを、深い反省とともにあえて行なう人なのではあるまいか。地獄に堕《お》ちるときは、自分がまず一番に堕ちる。そう覚悟して人びとに教えを説くことは、じつに困難な道だ。

しかし、権力によって信仰が厳《きび》しく弾圧されるとき、人びとはより高い権威を求めて本山《ほんざん》に帰依《きえ》する。それを民衆の愚《おろ》かさだとは私は思わない。

僧も司祭も、役割りを演じる人であってもいいのではないか。そのことに対する自覚と、深い罪の意識を心に抱くならば。

いまこの国に、寺として活動をつづけている宗教法人は、およそ七万四千寺あるという。それらの寺が廃寺とならずに生きているのは、地域の人びとが物心両面で寺を支えているからだろう。物だけでは寺は維持できない。心が寄せられていることが重要なのだ。しかし、と、言いよどむ気持ちを、私は心に感じないでいることはできなかった。

隠れ念仏と隠れ切支丹《キリシタン》

五木　ここ四年間、日本中のお寺を訪ね歩く「百寺巡礼」をつづけてきたのですが、ようやく九十八カ寺終わりました。最後の九十九番と百番が大分《おおいた》なんですが、その前に福岡、久留米《くるめ》の梅林寺《ばいりんじ》という禅寺へ行ったのですけれども、雪が降りましてね。九州であんなに降るのは、何十年ぶりかと思うぐらいでした。

森　たぶん寒流のせいですね。それで雪が……。

五木　みんな九州は暖かいと思うけれど、福岡は、宮崎と違って、玄界灘《げんかいなだ》ひとつ隔《へだ》てた向こうが韓国ですから。朝鮮半島とほとんど接しているでしょう。だから、言葉のイントネーションなども、韓国語とそっくりです。もう大威張《おおいば》りで、九州弁を喋《しゃべ》ってきました。（笑）

森　偶然にも同じころ、私はある修道会の黙想《もくそう》会の指導に、大分へ行っていました。

五木　ほう、それは奇遇ですね。大分は切支丹《キリシタン》の武将、大友宗麟《おおともそうりん》のふるさとですね。長崎と同じように、隠れ切支丹《キリシタン》の流れはあるんでしょうか。

森　江戸幕府の弾圧が激しく、長崎同様、隠れ切支丹《キリシタン》はいたようですが、大分は、数の上では少ないと思います。

五木　江戸時代は、あの辺一帯まで真宗《しんしゅう》なんです。薩摩《さつま》藩と相良《さがら》氏の人吉《ひとよし》藩で、四百年ぐらい前から「一向宗《いっこうしゅう》禁制」をやって、真宗を法律で禁止したんです。「一神教」の章でもすこし触れましたが、なぜかというと一向宗は、一向というわけですから、ある意味で「弥陀《みだ》一仏《いちぶつ》」という一神教的性格をもっているんですね。阿弥陀様だけという。

森　ええ。

五木　原理主義的な真宗の人たちは「神祇《じんぎ》不拝《ふはい》」といって、ほかのお寺や、仏様や、神様は、一切、絶対に参らないと。阿弥陀様だけにしか、頭をさげないという非常に極端な信仰というか……。

森　潔癖《けっぺき》だった。

五木　金子《かねこ》大栄《たいえい》という仏教学者は、キリスト教やイスラム教の一神教と、真宗とでは、どこが違うかというと、真宗は選択的な一神教であると言ってるんですね。ほかの諸神諸仏を認めないのではない。絶対の神というのでなく、神様はたくさんいる。八百万《やおよろず》の神様もいるだろう。だけど、自分たちが頼って信じるのは阿弥陀如来《あみだにょらい》である。たくさんの仏様のなかの、一人の仏様だけであると。選択的な一神教というのは、女性はたくさんいるけれど、わが愛する女性は一人、というのといっしょだということでしょうか。

森　ええ。

五木　でも、それは結局、つまり、この世でいちばん偉いのは阿弥陀如来《あみだにょらい》であり、ブッダであり、そしてこころの忠誠をつくす最大の存在は、仏様である。阿弥陀如来の前では、四民平等であるという思想が、一向宗《いっこうしゅう》の根幹《こんかん》なんですね。薩摩《さつま》藩とか人吉《ひとよし》（相良《さがら》）藩とか、当時の藩幕政治にとってそういう考えかたは、武家を頂点とする、士農工商という階級制度を否定するものだし、同時に、真宗《しんしゅう》の「二君なし」とする考えでは、ほんとの君というか、自分の主人は阿弥陀如来であるという。殿様とか幕府は二番、三番ということになりますから……。

森　弾圧される。

五木　ええ。そうすると、ますます先鋭化して、純粋になる。みんなが貧しいなかから一生懸命《けんめい》お金を蓄《たくわ》えて、京都の本山《ほんざん》に寄付するわけです。だから、非常に苦しい藩の財政のなかで、物とかお金が本山に吸い上げられて藩に集まらない。しかもまた、中央からやってくる布教師たちが、当時の隠密《おんみつ》の代わりに、地方の情報を中央に持っていきかねない。こういうことで、一向宗を厳《きび》しく禁制したんですね。

森　そうですか

五木　徹底的な弾圧があった。獄門《ごくもん》とか、拷問《ごうもん》とか晒《さら》し首《くび》とか、そういうなかで、俗に「隠れ念仏」といわれる、隠れ真宗が生じた。南九州一帯の一向宗は、地下に隠れて、その信仰を三百何十年、守ってきたんですね。発覚すると罪に問われる。

森　地元のお寺なんかは、どうだったんですか。

五木　真宗の寺はすべて、つぶされたんです。

森　つぶされた。

五木　それで、九州には古い寺がなかなかないんですね。明治四年に、一応、信仰の自由は回復したけれど、廃藩置県《はいはんちけん》になったあとも、むかしの殿様とか、お奉行《ぶぎょう》さんが、そのまま県の知事とか、役人に横すべりしているわけですから、相変わらず、真宗禁制の気風は抜けず、明治九年ごろになって、ようやく、本願寺が別院を鹿児島につくることを許《ゆる》された。それから、ばーっと表に出てきたわけです。隠れ切支丹《キリシタン》の人たちが、浦上《うらかみ》の天主堂へ現われたように、地下に三百四十年もぐっていた一向宗の信徒が、いっせいに地上へあがってきたんです。だからいま、あの辺はほとんど真宗です。

森　それを引っぱっていく、リーダーみたいなお坊さんはいらしたんですか?

五木　ええ。毛坊主《けぼうず》といって、髪を伸ばしているのですが、オルガナイザーというか、地域のリーダーですね。

地下にもぐった真宗《しんしゅう》の人たちは、「講《こう》」というものをつくっていました。なになに講、だれだれ講という地下組織です。講のなかには講頭《こうがしら》がいて、連絡係、見張りもいる、という具合に、しっかりつくられていた。鹿児島あたりでは、山中の洞窟《どうくつ》に夜な夜な集まって、お祈りをしていました。

森　ああ、そうですか。

五木　そういうときは、周囲に見張りを置く。役人が近づいてきたり、よその人が来たりすると「馬が逃げたぞ！」とか、暗号で叫んで、みんないっせいに隠れるんですね。そんなふうにして、一切表へ出ずにいたんです。

そのなかで、山田村の五助さんという、有名な殉教者《じゅんきょうしゃ》がいました。打ち首、獄門《ごくもん》になり、晒《さら》されたんです。その人の首を、隠れ信徒が盗み、こっそり埋めた。それが発覚して、また詮議《せんぎ》がある……。私は、こんどそのあたりをずっと歩いてきたのですが、山田村の五助さんの歯とか、遺品を埋めた場所や、五助さんが坐《すわ》った腰掛けとか、全部残っているんです。

人はなぜ殉教の道を選ぶのか

森　やはり殉教者が、ヒーローになるんですね。

五木　ええ、光背《こうはい》をつけた阿弥陀如来《あみだにょらい》の御本尊《ごほんぞん》というのがありましてね。婦人たちは俎《まないた》の裏をくり抜いて、御本尊をそこにいれ、上からすっとフタをして、庖丁《ほうちょう》や野菜なんかをのせて台所に置いておく。役人が来る。どこを調べても御本尊はない。深夜になると、俎からすっと御本尊を出して、みんなで拝《おが》むんです。「まないた本尊」と言っているんですね。ほかに「からかさ本尊」というのも見ました。傘《かさ》をくり抜いたなかに「南無阿弥陀仏《なむあみだぶつ》」と入れてある。表は収穫量を書いた会計簿のようなもので、真ん中からあとが、お経だったりするんです。そういう資料がいま、山のように出てきてるんです。

森　ああ、そうですか。マリア観音《かんのん》と似ていますね。

五木　そうですね。それにしても、三百四十年間という時の流れを考えますと、隠れ念仏の人たちの隠れかたというのは、すごいなあと思いました。よく信仰を捨てずに、親子代々守ってきたものだと、感動しましたよ。

森　初期キリスト教のカタコンベ（地下墓所）の時代と、まったく同じですね。地下にもぐって、地下で集会をやって……。

五木 ああ、そうですか。

森 同じような状態です。

五木 ローマの、初めのころですか。

森 ほんとの初期のころですね。

五木 禁教になった理由は、なんですか。

森 当時は、ローマ皇帝が神で、それ以外の神を信奉する宗教は、認められなかったんです。

五木 やはり、そうですか。

森 キリスト者は、帝国の権威よりも、神の権威に従うとしましたから、ローマ皇帝の立場から見れば、秩序を乱す、危険な存在だったのでしょうね。

五木 よく映画でありましたね、クリスチャンが、大きな競技場でライオンかなにかと格闘させられるというストーリーが。

森 そうです。おもてに出ると迫害されるので、信者たちは地下に隠れて集まった。

五木 九州でも話題になったんですが、貧しい百姓が殉教《じゅんきょう》したり、三百年も信仰を守りつづけた、その背後にあるものはなんなんだろうかと。

熊本の川辺川《かわべがわ》の大きく、カーブしているあたりに「十四人ヶ淵《ふち》」という、深く淀《よど》んだ淵があるんです。取り締まりが厳《きび》しくなって、どうやら信徒であることが、奉行所に漏《も》れたらしい。きっと捕えられて、転向を迫られるぞという噂《うわさ》が広まって、十四人、侍も、町人も、農民も、女も、五つぐらいの子どもまでもいたそうですが、みんなで水盃《みずさかづき》をして、手足を縄《なわ》でつないで、その淵に飛びこんで死んだという。

その跡に、いま「十四人ヶ淵」という碑《ひ》が建っているのですけれども、その人たちを、そこまで向かわせた信仰の背景にあるものはいったい、なんだろうというのが、議論の中心だったんです。

森　そうですか。フランスのパリ図書館の前の館長、女性なんですが、彼女が編纂《へんさん》した『世界人名小辞典』というものがあります。その辞典に、ローマ時代に活躍した人物が取り上げられている項があり、皇帝の名前とか、たくさんの人の名前のなかの三分の二ちかくが、女性なんです。その女性たちの大半が、しかも、殉教した女性たちなんですね。アグネスとか、セシリアとか、ルチアとか。彼女たちの殉教は、当時のローマの社会で、衝《しょう》撃《げき》的な事件として、話題になり、記録されたのだと思います。

五木 ローマ時代に殉教《じゅんきょう》した女性たちの名前が、皇帝の名前と並んで、後世に伝わったんですね。

森 そうです。なぜ、そんなにたくさんの女性殉教者が出たかというその理由を、その館長さんは、こう分析しているんです。ローマ時代の女性たちは、男性の所有物であった。日々の生活は、男性中心のなかで抑圧され、女性たちは、人間としての尊厳《そんげん》を見い出すことができなかった。そういう暗い時代のなかで、自分たちの辛《つら》い、悲しい気持ちを托《たく》せるのは、キリスト教しかなかった。女性たちは、キリストとの出会いに、希望を見い出したというのです。江戸時代、隠れ切支丹《キリシタン》として生きた、底辺の人びとも、きっと、同じような状況にあったのだと思います。どこにも、すがることができるものがなかった。

五木 生き地獄よりは、キリストのほうがいいというか……。

森 ええ、ローマ時代の女性たちは、まずモノ、お父さんの所有物、どんなことをされても文句もいえない、そういうような状況におかれていた。人間としての尊厳も、自由も、希望もなにもない時代だったと思うんです。

五木 おっしゃるとおりだと思います。生きている生活そのものに希望がないと同時に、食べることとさえ事欠くという、動物的な生活を強いられることとさえあった。生きていることが辛い。地獄のようなものだ。そういうなかで、真宗《しんしゅう》の場合には、「浄土《じょうど》」というものを教えてくれるわけですね。

森　ええ、浄土。

五木　浄土信仰というのは、初期のころ地獄の恐ろしさと、裏表で出てくるんでしょうね。地獄絵図とか、地獄草紙《ぞうし》とか、そういう絵がお坊さんたちによって一般に普及する。お坊さんたちは、浄土のすばらしさを語る一方で、地獄のすごさを語っていたんです。

森　ああ、そうでしょうね、たしかに。そうでしょう。

五木　そうすると、生きながら、地獄のような貧しい生活、つまり飢饉《ききん》とか、凶作《きょうさく》とか、子どもたちもどんどん間引《まび》かなきゃいけないというなかで、生きて地獄、死んでからも地獄じゃあ、なんのために生きているんだ、もう冗談じゃないと……。

森　だから、浄土信仰にしがみついた……。

五木　ええ。浄土という夢にしがみついた。はじめのころは、死んだら浄土へ行くという教えだったんですね。でも、蓮如《れんにょ》は、死んだら浄土へ迎えられるという約束が、すでにされているということは、自分がいま地獄に生きながらも、希望を持って生きることなんだからと、現世往生《げんせおうじょう》ということを説くわけですね。

森　この世で、すでに、浄土《じょうど》の光に包まれている……。

五木　地獄の生なましい針の山とか、血の池地獄とか、閻魔《えんま》様が舌を抜くとか、人びとは、子どものころからずっと聞かされていたわけですね。でも自分たちは、お寺も建てられないし、良い行ないもしているわけじゃない。だから生きても、死んでも地獄じゃあ、どうしようと思っていた人たちにとっては、「死んだら浄土に行けるぞ」というメッセージが唯一の希望だったんです。しかし、蓮如《れんにょ》は「死んだら」というだけじゃなくて、死んだら行くところは、もうすでに約束されているんだから、あなたたちは、いま地獄のなかにいるけれども、生きる希望があると教えていった。

森　それは、キリストにも似たところがあります。キリストをしっかりと受け止めた人びとは、ほとんどが、底辺で辛《つら》い生活を強いられていた人びとだったことが、聖書を読むとわかります。キリストは、彼らに生きる希望を説いたと思うんです。

五木　キリストの教えを聞いて、たとえば、世間から嫌がられている税金を集める人とか、病人とか、ハンディキャップを背負った人たちとかが、ぞろぞろとキリストのあとについて行ったと……。

森　そういうことだと思います。たとえば、福音書《ふくいんしょ》を書いたルカは、お医者さんというけれど、当時のお医者さんは、病人や死人に触れるので、賤《いや》しい職業として差別されていたんです。復活したキリストに最初に出会う人間も、「ヨハネの福音書」では、罪女《ざいじょ》といわれていたマリア・マグダレナです。マリア・マグダレナは、墓を訪ね、その墓が空《から》っぽであることに気がついて、びっくりして弟子《でし》に伝えに行きます。弟子たちは走って見に行きます。しかし彼らは、ローマ兵を恐れて、すぐに家にもどってしまう。

五木 ああ……。

森 ところが、マリア・マグダレナは墓所にとどまり、涙を流しながら、キリストの遺体を探しつづける。

五木 うーん。

復活したキリストに、真っ先に出会った女性

森 マリア・マグダレナは「七つの悪霊に憑《つ》かれた女性」といわれています。当時の社会からは、つまはじきされていたんです。そんな彼女が、必死になって探しつづけ、最後に復活したキリストに出会うのです。のちの教会の歴史は、男性中心になって、男性たちが教会のリーダーになりますが、教会の原点は、必死になって、キリストを求めつづけた

女たちの信仰です。いま、お話をうかがって「隠れ念仏」の場合も、まさに、そのとおりじゃなかったのかなと思うんですが……。

五木　隠れ念仏の場合も、信仰を支えたのは、婦人層が中心なんですね。そこは、なんでだろうと考えると、さっき森さんがおっしゃったように、男たちの地獄より、婦人たちの地獄は、もっと深かったんだろうと思うんですね。

仏教のなかで、真宗《しんしゅう》がいちばん積極的に、「女人往生《にょにんおうじょう》」を唱《とな》えていくわけですが、高野山《こうやさん》も「七生五衆《しちしょうごしゅう》」で、女の人は罪が深いといって、女人禁制でした。そういうなかで、真宗は女性も同じように往生できると説く。それは女性たちにとって、つまり生きていて、死んでいるような状態のなかで、ほんとうの生きる目標というか、浄土《じょうど》へ行けるわけだから、そのために殉教《じゅんきょう》しよう、死んだように生きているより、まだいいということにつながったんでしょうか。

森　そうでしょうね。画期的なメッセージだったんでしょうね。

五木　そのころ、キリストの弟子《でし》たちに、女性がいたということも画期的ですね。

森　ほんとうに、画期的なことだったと思います。当時の社会を考えると。

五木　当時のユダヤの社会では、男性社会のなかに、女性はいれなかったわけでしょう？

森　男性中心の世界ですから。

五木　やはり、ユダヤ社会でも、女性は、生理になると不浄というような考えはあったんですか。

森　ええ、不浄といわれました。男の子を産んだあとの浄《きよ》めは一週間、女の子だと二週間。女の子は汚いから、長く浄めなければいけないということだったんでしょう。さらに、女性の生活の範囲は、男性の、夫の目の届くところに限られていたんです。女性は、完全に男の所有物としてあつかわれたんですね。

五木　そこでまた、むずかしい問題が出てくるのは、つまり抑圧された人ほど、純粋に、信仰に情熱的になるというふうに考えると、じゃあ、地獄のようななかで生きていなければ、ほんとうの信仰は得られないのかという疑問が生じてくる。

たとえば、お坊さんが浄土の物語をして、浄土の絵図を見せてくれたときに、みんな、もう目が眩《くら》むような歓喜をおぼえた。そこには、信仰にすがろうとする現実があった。逆に、いまのように、いつも暖かくて着るものに困らない、食べたいときに物が食べられる、いつも花が咲き乱れ、ＢＧＭがあたりにあふれて妙《たえ》なる音楽が流れている、エアコンディションはきいている、安くすますそうと思えば、牛丼だって三百円たらずで食べられる。そういう意味で、むかしのような飢《う》えというものがない時代に、神仏を信仰するとは、どういうことか、という問題なんですよ。

森　たしかに、いまの日本の社会は、そうですね。でも物質的飢えにかわって、こころの飢えが、人びとを深く傷つけているといえないでしょうか。まだオウム真理教が、あのような犯罪を起こす前のころですが、私たちは少人数で、新しい宗教についての勉強会を開いていたことがありました。その勉強会のなかで、なぜああいう新しい宗教がつぎからつぎへと、日本社会に噴き出してくるのか、話し合ったことがありました。

それまでの新しい宗教ですと、入信の動機が「貧しさ」、「病い」、「人間関係のトラブル」と比較的具体的であった。ところが、新・新宗教には、それが見えない。オウム真理教の場合、中核になる人たちは一流大学出身のエリートが多い。なにかあるのだろう、ということになったのです。それで、その勉強会に出ていたある新聞記者が、オウムの信者たちのところに取材に行ったのです。

五木　ああ。

森　その後、彼は私たちにその取材の報告をし、隠れた動機は、社会のなかでの人間の孤立ではないかと指摘してくれました。オウムの信者たちの多くは、経済的にも恵まれ、学歴にも恵まれている。一人ひとりは、みないい子で、親に心配をかけるようなこともしない。けれど、よくよく聞いてみると、彼らの家庭のなかに、親子のあいだで、人間としてのこころの深いぶつかり合いが欠けていたというのです。

つまり彼らのこころの内側には深い孤独感、孤立感があった。しかしそれを、互いにぶつけ合うことがなかった。一人で、悶々《もんもん》とかかえていた。そのとき、オウムと出あったというのですね。私たちは、それを得体の知れない孤独に蝕《むしば》まれていると表現しました。

五木 ああ、なるほど。

森 そうした彼らが、オウムとの出会いをとおして、孤独や孤立感を満たしてくれる、なにかを感じたというのです。いまの日本の社会を覆《おお》う現実、物はあるけれども、精神の枯渇《こかつ》感というか、そういった不満が、彼らのこころを突きあげ、狂信的な理想社会建設運動へ向かわせたのではないかと……。

宗教とは、神と自分が一対一で向かい合うこと

五木 たしかに、精神の飢えというか、こころの飢えを満たすもののひとつに、宗教があ

ることはわかります。しかし、私は、そう言い切ってしまっていいかというと、疑問が起こる。むかしはセツルメントなどといって、学生たちが貧しい人びとのなかにはいって働く、いまでいうボランティアみたいなことをやりましたね。六〇年代、七〇年代の学生たちは、安保反対、マルクス主義だなどといって、革命運動に走ったりと、いろいろありましたね。

森　ありましたね。

五木　ただ、そういうことと、「宗教」、まあそういう言葉がいいかどうかわからないけれど、神とか仏というものは、ちょっと違うような気がするんですね。哲学を研究するとか、政治経済を研究するとか、そういう態度とはちょっと違う。孤独感から逃れるためだったら、たとえば政治活動だっていい。当初、新興宗教と共産党は、低所得者だとか、病者だとか、どちらも同じようなターゲットに向けて動いていたわけですね、でもいまは、どこか違う。それが、なにかということなんです。

孤独を癒《いや》す、仲間との連帯感を求める、という理由だけでは、宗教でなくてもいい。社会運動でもいいわけです。いっしょに腕を組んで、米軍の基地撤去のデモをやってもいい。孤独を癒す高揚《こうよう》感ということでいえば、仲間との連帯感も得られる。

森　そうですね。

五木　では、宗教へ向かう、信仰へ向かうこととはなにか。親鸞《しんらん》はこう言ってます。「阿《あ》弥陀《みだ》如来《にょらい》という仏と、自分との、一対一の向かい合いなのだ」と。そのことだけを、くり返し言ってるんです。たくさんの門徒衆《もんとしゅう》がいっしょにいて、個人が、非常に大きな連帯の輪に属して、孤独を解消することが信仰ではないと。

四国のお遍路《へんろ》さんたちは「同行二人《どうぎょうににん》」といいますね。たとえ一人で歩いていても、弘法《こうぼう》大師《だいし》様と二人いっしょに歩いているんだ、と。そこに、いちばん大事な信仰の形があるような気がするんです。

森　そういう意味で、新しい宗教団体は、疑似《ぎじ》共同体をつくっているだけのように思えます。神と向きあうという、信仰の核になるものが見えていないし、育っていないように思います。

五木　そうですね。

森　孤立を癒すということでは、魅力的なのでしょうが、私には、疑似共同体をつくるだけでは、ほんとうの救いがもたらされるとは思えません。

五木　逆に、神と自分、仏と自分という形を追求するのではなくて、単に集団をつくってその一員になり、アイデンティティを回復しているだけのように思うんですね。言いかたは悪いけれど。

森　フランスで『宗教の復讐《ふくしゅう》』という研究書が出ています。「復讐」というのは、宗教は、近代社会、近代国家の成立に向けられた言葉です。合理主義に目覚めた近代社会は、宗教は教養のない人びとの迷信のようなこととして軽視し、宗教のいとなみを、政治の中枢《ちゅうすう》から追い出してしまいました。「ゆりかごから墓場まで」というスローガンを、人間の幸せを保障するものとして、それを、近代国家の役割としたのです。

しかし、宗教を否定し、排除した近代社会、近代国家は、経済的に人間を充《み》たしても、人間を幸せにすることはできなかった。人びとは近代社会、国家の限界を知って、いま宗教を積極的に求めるようになった。宗教こそ現代文明の恐ろしさから、自分たちを守ってくれると信じ、これからますます人びとは、宗教を求めていくようになるというのです。

現代人は、宗教団体に帰属することによって、落ち着きや安心感を求めようとしているのかもしれませんね。

五木　ええ、宗教の問題は、どうしても「個と集団」の問題にぶつかりますね。キリスト教に、「神との契約」という言葉がありますね。いっぽう親鸞《しんらん》の思想を研究する学者には、欧米に学んだ人たちが多いんです。つまり、親鸞のいう信仰とは、阿弥陀如来《あみだにょらい》と、自分「我一人《われいちにん》」との関係、いわば「仏との契約」ということですね。だから、親鸞は、これまで自分は、父や母の供養《くよう》のためとか、先祖供養のためとかいうことを、一度も祈ったことがない。自分一人の問題だから、お父さんお母さんの冥福《めいふく》を祈るなんてことは、関係ない。信仰とは、仏との、一対一の関係であると言う。

それから「我は弟子《でし》一人も持たず」とも言う。もちろん、弟子はたくさんいたけれども、彼らを、自分の弟子と思っていない。それぞればらばらの、一対一の関係であると考えていた。

森　非常に、厳《きび》しい関係ですね。

五木　真宗《しんしゅう》のお寺は、親鸞のころは「道場」といったのですけれども、その道場の造《つく》りは、普通の民家より、ちょっと軒《のき》が高くて、ああ、これは道場だなとわかるくらいでよい、と言っている。彼は一生、集団や組織から離れて、著述などに専念した人なのですが、そのために、教団としての真宗教団は、成立しなかったんですね。

森　ええ。

五木　いろいろなところで、親鸞の教えを奉ずる人たちが弾圧されました。親鸞の教えが歪《ゆが》められたり、間違って伝えられる。悪いことをすればするほど、仏様から愛されると言っているぞ、つまり造悪説《ぞうあくせつ》が広がったりと、大変な混乱が生じてくるわけですね。

そのあとに、蓮如《れんにょ》という人物が出てきて、組織をつくっていく。そのために蓮如は、親《しん》鸞《らん》の思想を歪めたと、逆に、近代では批判されるのですが、もしも、親鸞という人の思想を純粋に追究していけば、真宗《しんしゅう》の思想は滅びてしまいます。どこにも伝わらないことになる。一対一なのですから。私には、信仰をつきつめていこうとするとき、寺と仏様の関係、教会と神様の関係、すなわち教団という問題は、いちばんむずかしいような気がしますね。

ブッダは、仏教の大もとで、サンガという僧が集団で学び修行する設備、僧房というか、僧院のようなものをつくる。日本では、祇《ぎ》園精舎《おんしょうじゃ》などともいいますね。そして教団をつくり、その組織を乱した罪は、いちばん重いと叱《しか》ったりする。

だから、神仏との関係が、実際に一対一の関係だったら、ブッダもキリストも、砂漠を永遠に流浪《るろう》する聖者のような形でしか、生きられなかっただろうと思うのです。

信仰の生命を支える人たち

森　はじめに、まだ教団が成立する前、キリストを支えた女性信者たちの話をしましたが、宗教が組織化された共同体になると、おっしゃるとおり、むずかしい面が出てきますね。組織を維持し守ろうということから、信仰の純粋さが消えていく。極端になると、宗教の仮面をかぶった人間組織になってしまう。あれば便利ですけれども……。
私は最近、それに携《たずさ》わっている聖職者たちの多くは、天国へ行けないんじゃないか、と心配になりますね。(笑)

五木 しかし、純粋な宗教家の、信仰一点ばりということになってくると、これもまた、ちょっとむずかしいですけど。

森 そう、でもそういうことを、ひたすら求める人たちがいるから、組織が生き、支えられるのだとも思いますね。

五木 ええ。聖《ひじり》という人たちがいますね。聖というのは、勧進《かんじん》といっしょで、放浪の僧なんですね。たとえば一遍上人《いっぺんしょうにん》みたいに、ただただ「南無阿弥陀仏《なむあみだぶつ》」と書いた札《ふだ》を配り歩いて、一生を過ごす。集まっちゃ踊ったりするから、踊り念仏なんて呼ばれました。教団をつくらなかったということで、後世、学者にも尊敬される。でも、寺とか教団というのは、それを信じている人たちや門徒《もんと》にとっては、なんとも心強い支えになります。

森 本来、支えでなければいけませんね。

五木　やっぱり、拠《よ》り所なんですよ。

森　それは、私も素直《すなお》に認めたいところなんですが、教会に関して言えば、名のない人たちが、必死になって信仰に生きてきたから教会が生かされているのだと、私は考えています。教会はそういう人たちを、もっと大事にしなくては……。

五木　組織の腐敗というのは、ほんとうに問題ですが、さっきの隠れ念仏にしてもそうですが、九州山地の、お米も食べたことがないというような貧しい人たちが、毎週毎週、ひとつかみずつのアワとかヒエを持ち寄って、それをずっと溜《た》めて、お金に換《か》えて、京都まで命がけで運んでいく。それで、京都の本山《ほんざん》は、巨大な建物を建てるわけですけれども、信仰の拠り所として、本山を守ろう、立派な寺を建てようと願う、その人たちの必死の思いというのも、これまた、純粋な信仰の力でもあるわけでしょう。

森　ええ。

五木　自分たちは孤立していないという、安堵《あんど》感が必要なんですよ。さっきの孤独感じゃないけど、自分たちは大本山とつながっている。弾圧されて、名もない百姓だけど、門徒《もんと》の一人だ。つまり、人間として、自分は存在していると。

森　そこには、喜びもあるわけですね。

五木 もちろん、喜びですよ。

森 そうですね。信仰の基本的なものは、そういう喜びなのだと思うんです。でも、宗教団体のなかで、組織を維持する権威者たちに利用されるという現実も、黙視《もくし》できないでしょう。

五木 その喜びを、利用する人たちはいるけれども、それを、盲目的な底辺の民衆の、無知とか、蒙昧《もうまい》とかいってしまえばそうなのだけれども、ただ、そういうものが、やはり信仰の原動力になりませんか。

森 「アワとか、ヒエを持ってくれれば、功徳《くどく》になるよ」と説教するのは、あとで、神から裁《さば》かれるんじゃないかと、私は心配になる……。(笑)

五木 おっしゃるとおりなんですが、それでもまだ、私はどうしても、その心情を愚《おろ》かとは思えない。つまり、その人たちは、極貧の生活をしているわけです。その人たちにとって、ひとにぎりのアワとかヒエは、自分たちの血であり、肉であるわけです。それを削っているわけです。

森 そうです。

五木 だから、赤ん坊に「ごめんね。あんたにお粥《かゆ》つくってあげたいけど、これは仏さんにあげるのだから、泣くのを我慢《がまん》してね」と言いながら、母親が、涙ながらにひとつかみ包んであげるという、その心情を、利用されている側の、愚直《ぐちょく》というふうには、考えたくないんですね。

森 なるほど。

五木 民衆の、底辺の人びとのこころのなかには、学者や哲学者なんか、考えもおよばないような、深い現実認識があります。それは同時に、人間という愚《おろ》かしい生き物が、神と交叉《こうさ》する瞬間でもあると、私は思うんです。

森 同感ですね。

宗教の世界から権威主義を取り除きたい

五木 私は、その愚かしさを笑うインテリになろうとは思わないんです。むかし、大本山《だいほんざん》の門主《もんしゅ》さんが、下向《げこう》といって、地方へ巡業なさいます。お風呂にはいると、そのお風呂の水を、みんなが盃《さかずき》一杯ずつぐらい、争って取りあって、家に持ち帰って供えたという。たしかに、ばかばかしい、愚劣《ぐれつ》なことかもしれない。でもそれを、笑う気にはなれない。真宗《しんしゅう》では、迷信とか現世利益《げんせりやく》ということを、手厳《きび》しく叱《しか》るんです。叱るのだけれども、それが背信と知りつつ、神仏から顔をそむけつつ、やっぱり人びとは、信仰を求めるんです。それはもう、現実の利益を求めようということではなくて、自分のこころの奥にある、神仏への不信を打ち消そうとすることではないかと……。

森　そうですね。

五木　笑い話ですが、真宗のピュアなお坊さんがいて、「弥陀一仏《みだいちぶつ》」、現世利益を厳しく否定する。そのお寺の駐車場には、神社の交通安全のお札をさげた車なんか入れない。そのかたが亡くなって、息子さんが、その跡を継いだ。すると親父は「弥陀一仏」やっていたけれども、そこまでやると檀家《だんか》がだれも来なくなっちまうので、いまはそこまでやってませんと。(笑)

森　私は、信仰から、権威主義的のふるまいを捨て去ろうと願っているんです。

五木　そうですか。

森　司教や司祭に、それなりの服装をしてもらいたいと願う信者は、たしかにたくさんいます。でも、私の信仰からすれば、そういうことに耐えられないんですよ。高位《こうい》聖職者の服装は、やっぱり権威の象徴でしょう。

五木　それは、だけど苦しいですね。(笑)

森　前のローマ教皇（ヨハネパウロ二世）宛に、自分は司教職に向いていない、司教をやめたいと辞表を書いたんです。

五木　ほう。

森　私は、自分のなかの闇というか、弱さに、つねに目がいってしまう……。

五木　蓮如《れんにょ》は、後世の人からマキャベリストだといって批判されますが、おそらく蓮如は、自己の矛盾《むじゅん》をわかっててやったと思います。

森　そうでしょうね。

五木　「現世往生《げんせおうじょう》」など説けば、自分は地獄に堕《お》ちると覚悟していた。ドストエフスキーの小説、『カラマーゾフの兄弟』のなかに「大審問官の伝説」というのが出てくるけれども、森さんは、いま、後世に現われたキリストのような立場におられる。人びとに信仰の希望を与えている自分は、地獄に堕《お》ちると。（笑）

戦前だったと思いますが、奈良のほうで一時期、「黒衣連盟《こくえ》」というのができて、法衣を黒い衣《ころも》にする。というのは、お坊さんたちは、上納金によって紫の衣を着たり、階級によって異なる法衣をつくる。それはおかしい。全部、墨染《すみぞ》めの衣でいいではないかということで、その連盟に属するお寺の住職さんたちは、一切、黒い衣だけを着るということになったんです。そうしたら、お寺の門徒《もんと》の人たちが、なんとかお金を出すから……。

森　きれいな法衣を着けて、やってほしいと。

五木　そうしてほしいと。よその檀家《だんか》寺の住職は、とてもきれいな衣を着ている、いっしょに並んだとき、うちのお寺の住職の衣がみすぼらしいのはいやだと。お金を出すからやってくれ、と談じこまれてしまって、一軒ぬけ二軒ぬけして、結局、黒衣連盟はつぶれるんですね。

森　ああ、そうですか。私も、ずいぶん悩みました。

五木　地域社会では、お寺が生活の中心になって、冠婚葬祭なども、全部そこでやってるわけですね。それだけじゃなくて、むかしは戸籍係もやっていた。入学の案内から結婚相談までとりしきる。それで、地域の中心になるお坊さんは、そこから抜けることはできないんです。

森　それは、そうですね。

五木　京都の郡部のほうに、檀家三十軒ぐらいの小さなお寺がある。そういうお寺では、いまでもそうなんですが、うちは、年に二石《こく》もらっているとか、三石もらっているとか、お米でお布施《ふせ》をいただいて、それを売って現金に換《か》えてやっているわけです。何百件という檀家《だんか》を持っている、大きなお寺はべつとしても、ちっちゃなお寺は、辛《つら》くてつらくてしょうがないけど、自分のところがこの共同体から抜けてしまえば、三十軒の集落の人たちを、魂《たましい》の孤児にしてしまう。そうするわけにいかん、とそこの住職さんは言っていました。そういうところで、ジャージーを着たお坊さんから、祝福を、と言われるよりは、やっぱり、それなりの法衣を着ていたほうが嬉しいでしょう。

森　みょうに、説得力がありますね。（笑）

ブッダには、如来《にょらい》になってほしくなかった

五木　アメリカ大陸の先住民の原始的な信仰などでは、神の前で踊りをおどったり、いろんなおまじないをしたり、極彩色《ごくさいしき》のトーテムをつくったりしますね。そういう儀式とか、彩りをつけるということは、人間の持って生まれた、とても大事なものじゃないかと思うんですが。

森　そうでしょう。それは、自然に出てきているわけでしょう。教会の歴史を見ると、ローマ帝国から弾圧されていた教会が、一般社会に認められるようになると、すぐに、司教たちがローマ帝国の貴族階級たちが着ていたような衣服を着用するようになっていくん

です。当時の教会のなかにも、そうした傾向に反発する声はあがりました。

五木　いえ、なんだか「大審問官」みたいに、いちいち逆らうようだけど、（笑）ブラジルで、カーニバルを見に行ったときに、貧しい人たちが、一年間かかって小遣《こづか》いを溜《た》めて、カーニバルに出ますね。その行列のかなりの人たちが、ヨーロッパのカトリックの恰好《かっこう》なんですよね。

森　そうでしたか。

五木　アフリカの原始宗教とキリスト教がミックスした、カンドンブレみたいな、土着宗教の人たちまでが、自分たちの領主の、先進国の文化を模倣《もほう》している。

森　ええ。

五木　これは……と唸《うな》りました。それを見て、愚《おろ》かだとか、間違っているとかいうことは簡単なんですが、私には、さっき言った、ご門主《もんしゅ》のはいったお風呂の水でもありがたいと思う、門徒《もんと》たちの気持ちと重なって見えたんです。ああ、人間にはほんらい、たとえば高いものを見あげるという気持ちがあるように、なにかを偶像視しようとするのだなと。

森　ええ。

五木　そうしたときに、ソクラテスとかプラトンとか、孔子《こうし》とか孟子《もうし》とかであれば、彼らの学説を、私たちが研究したり、それを批判したり、また共感したりと勝手にできる。ところがブッダの思想というのは、仏様の言葉ということになるわけです。

ブッダは、実際に悟《さと》りをひらいた、覚者《かくしゃ》である。そこまではいいですね。だけれど、釈《しゃ》迦《か》如来《にょらい》という。如来というのは仏様である。仏様というのは、絶対だから、ブッダの言説は、いつの時代でも、ものすごく大きな役割を果たす。その言葉は絶対だから、異議をはさむ余地はない、と。

それと同じで、キリストの思想や言葉を、社会学者みたいな人とか倫理学者などがいろいろ解説をしたって意味がない。つまり、それは絶対の言葉として守るべきものである、と。そこが、宗教と思想の分かれるところでしょう。

森　そうです。

五木　でも、私は、ブッダに如来になってほしくなかった気もするんですよ。(笑)人間ブッダであってほしかった。

森　高い、絶対的なところに、拠《よ》りどころを求めようとするのは、もともと弱い存在の、人間の宿命ですね。

五木　たとえば、私ども人間の場合には、同じ目線で語りあうことが好ましいわけです。

でも、キリストやブッダには、やっぱり高いところから語ってほしいと。

森　しかし、司祭、司教としての私には、それができないんです。こっちを頼らないで、司教など見ないで、神様を見てと言いたいんです。

五木　仏像とか、神像といいますか、そういう像はかならず、比較的に下から見あげるように計算され、つくられていますね。見おろす仏像というのはあまりない。お地蔵さんくらいかな。仏さんの眼差しが、斜め下を向いているからだと思うんです。逆にいえば、人間というものは、なにか見あげたい、祈るときに、下を向くよりは、やっぱり空を見あげて……。

だから、森さんも、見あげられる居心地《いごこち》の悪さに、耐えなければ。（笑）

森　なんだか五木さんに、励《はげ》まされてしまいましたね。でもやっぱり、私は耐えられそうにない。（笑）

第九章

日本人とキリスト教の謎

いよいよ最終章である。これまで長い対話をつづけてきたのは、結局、この章のためであったのではないかと思う。

私たちは日本人である。それが現実だ。そして私たちは、長いあいだこの列島の文化と風土のなかで生きてきた。そんな日本人にとって、欧米からもたらされた外来の文化は、はたして血となり肉となりうるのだろうか。

最初に私が提起した「和魂洋才《わこんようさい》」の問題が、あらためて話題となった。洋才は洋魂《ようこん》なしには存在しない、という私の考えを、森さんは認めつつも新しい視点を私にさし示してくださる。

またヴァチカンの内側に、ここまで触れていいのだろうかというほど、率直《そっちょく》な感想を述べられた。カトリックも時代とともに大きく動きつつあるのだな、というのが私の感想だった。それに対して、仏教や神道《しんとう》はどのように明日を模索《もさく》しているのだろうか。

またキリスト教は、はたしてこの日本列島に土着しうるのだろうか、という疑問もわいてくる。見事に土着した仏教は、インドに生まれた仏教とは、はるかに遠い地点に着地したようにも見える。しかし、エキゾチシズムで宗教を求める時代は、すでに遠くへ去っているのだ。いま私たちは、みずからのアイデンティティーを、会社や組織の社員証でなく、この手で見つけださなければならない。

二十一世紀という時代は、国境を超える現実が広がっていくにちがいない。そして本当の意味での、世界宗教が生まれる可能性のある時代だという気もする。

最後に森さんにうかがった「神を実感した瞬間」という問いは、あまりに世俗的だったような気もするが、森さんはあくまで誠実に、その愚問《ぐもん》に答えてくださった。かなり力のこもった最終章だと、ひそかに思っている。

神に覆《おお》われた人、ヨハネパウロ二世

五木　二〇〇五年四月三日の早朝、ローマ法王ヨハネパウロ二世が亡くなったというニュースが世界を駆《か》けめぐるや否《いな》や、各国の元首や要人が競うようにして、哀悼《あいとう》の意を表しました。また、葬儀には、百七十四カ国から首脳が集まり、現在戦争をしている人たちが隣りあわせになり、親しく肩を並べているといった、感動的な場面も報じられしたが、森さんは訃報《ふほう》に接したとき、どんなお気持ちになりましたか。

前々から体調を崩しておられたといわれていましたから、信者のかたは、まあ覚悟をされていたことと思いますが、森さんは、真っ先にどんなことを思われましたか？

森　本当にご苦労さまでした、という言葉が、ごく自然に、口をついて出ました。ここ数年は、持病のパーキンソン病が悪化して、本当なら、ゆっくり療養しなければならないところを、ご自分の意志で、世界各国を飛びまわって、ご活躍でしたから。ああ、これで、本当に永遠の休息にはいられたな、と、感じました。

五木　そうですね。法王に、直接お目にかかったことは？

森　ええ、なん度か。

五木　約十一億人のカトリック信者を束《たば》ねる役目を、二十六年以上も担《にな》っていたということは、すごいカリスマ性というか、オーラを発していらっしゃるんでしょうね。

森　直接会って、真っ先に感じたことは、ああ、なんて自然体なんだろうということです。組織の長とか、権力者って、どこかギラギラした権力欲や自己顕示《けんじ》欲をかもし出しているじゃありませんか。それがまったくないんです。

五木　ああ、そうですか。我《が》の臭いをぷんぷんさせている高僧とか、聖職者って、いかにもいそうですけれど、ローマ法王は全然それがないと。

森　ええ、だから、私たちのほうも、なんの警戒心や圧迫感もなく、素直《すなお》にこころを開くことができたんだと思います。

五木　なるほどね。でも、ただ穏《おだ》やかな好々爺《こうこうや》というのではなく、なにか人と違うところってあるんでしょう?

森　そう。ともかく、人の話にじっくりと耳を傾け、私たちの言うことをすべて受け取って吸収してしまうんです。私は、自分の言葉が、相手のこころのなかにスーッと受け入れられたという実感を、はじめて味わいました。

五木　それはすごいですね。

森　相当ややこしいことを話しても、教皇は決して動揺したり、混乱なさらないんですね。その奥の深さ、人格的な素晴らしさは、いまでも肌感覚で覚えています。まず第一に、祈りの人だったと思います。

五木　祈りの人。

森　ええ、一度、教皇の、朝のプライベートなミサに招かれたことがあるんですけれど。

五木　ええ。

森　早朝、朝何時くらいだったかな。教皇のお部屋の近くに、十五、六人もはいればいっぱいになっちゃう小さな、すごく質素な聖堂があるんですけれど、そのとき印象に残ったのは、ミサを立てられた後、祈祷台《きとうだい》に身を沈ませるようにして祈る教皇の姿なんです。小さな聖堂の空間すべてが、その祈る姿に呑《の》みこまれてしまっているといったらいいのかな。私はそのとき、教皇からかもし出されてくる厳粛《げんしゅく》な雰囲気《ふんいき》に、圧倒されてしまいました。祈りの人であり、神に覆《おお》われていた人です。

五木　神に覆われた人。そういう人は、独特のオーラや強いエネルギーを発していると、素人《しろうと》はおもいがちですが、先ほど自然体のかただったと。

森　ええ。

五木　教皇、またはローマ法王は、キリストの弟子《でし》のペトロの後継者といわれているそうですね。キリストから天国の鍵を預かったとか。

森　ええ。（笑）

五木　その人が、神に覆われるということは、シャーマンのように、神の霊が降りてくるという感じなんですか。

森　というよりは、神の助けを切実に求める人びとの声に、真剣に耳を傾けて、ともに祈る。そうしたことの積み重ねから、生意気《なまいき》なようですが、教皇自身の人柄《ひとがら》も信仰も深まっていったんではないでしょうか。

五木　ええ。

ヴァチカンの底知れぬ力

森　毎週水曜日の午前中が、教皇謁見《えっけん》の日で、世界各国からヴァチカンに巡礼にやってきたいろいろな人たちが参加します。なかには、背負いきれないほどの大きな苦しみを抱えて、必死に教皇に会いに来る人たちがいます。たとえば、身障者のグループ、退役兵士たち、エイズ患者、難民の人たち……。教皇は一人ひとりの訴《うった》えをほんとうに丁寧《ていねい》に聞いて、祝福を与えていらっしゃる。その姿を横で見ていて、私は、そうした人びととの出会いが、教皇のこころをさらに耕《たがや》し、深め、教皇職を真摯《しんし》に果たしていくための、エネルギーになっているんだろうなと感心しておりました。

五木　人間とのかかわりのなかで、宗教的喜びは実感されるものなんですね。

森　ええ。

五木　ところで、ローマ法王の葬儀に、各国首脳が世界中から駆《か》けつける様子を見て、あらためて、ヴァチカンのすごさというか、底知れない力を感じたのですが、これはいったい何なのでしょうか。

森　ヴァチカンというよりも、教皇ヨハネパウロ二世のすごさだと、私はとらえています。教皇は二十六年間の在位のなかで、百三十を越える国々や、地域を訪ねているんですが、それは、伝統を重んじるヴァチカン内の官僚たちの発想では、出てこないことですよ。

五木　ああ、そうですね。ヴァチカンというのは、世界最小の独立国家なんですよね。もともとは、キリストの弟子《でし》のペトロのお墓の上にできた国なんだそうですね。

森　紀元六四年ごろ、ネロ皇帝に迫害されて殉教《じゅんきょう》したペトロの遺骸《なきがら》を、ヴァチカンの丘に埋葬したことがはじまりといわれています。四世紀にペトロのお墓の上にサン・ピエトロ寺院が建てられました。

五木　中世のころは、ローマ法王領だったのが、国家の形態を取るようになったのは、割と最近のことなんでしょう？

森　ええ、一九二九年に、ヴァチカンとイタリアの間にラテラノ条約が締結されてから、ヴァチカン市国《しこく》となったわけです。

五木　さっきのお話にもどりますと、森さんは、世界各国から要人が弔問《ちょうもん》に訪《おとず》れたのは、ヴァチカンの国家元首にではなく、教皇ヨハネパウロ二世に対してだと。

森　と思います。私の推測ですが。教皇はご存知のとおり、ポーランド出身ですから、当初ヴァチカンの諸官庁やその責任者を束《たば》ね、意識改革することのむずかしさを痛感したんじゃないかと思うんですよ。

五木　ええ、長い歴史や伝統のあるところでは、なにか新しいことをしようとすると、必ず抵抗勢力の反発を招くようになるんですね。やはり、ヴァチカンには、イタリアが本流だという意識ってあるんじゃないですか。ポーランドの田舎者《いなかもの》に、牛耳《ぎゅうじ》られてたまるかっていう気持ちはないんでしょうか。

森　ないとはいいきれませんね。なにしろ四百五十五年ぶりに、イタリア人以外の教皇が任命されたんですからね。ただ、そんなヴァチカンのなかを改革しようとすると、厚い抵抗の壁にぶつかったんじゃないですか。第二ヴァチカン公会議という、画期的な会議を招集したヨハネス二十三世は、イタリア人でしたが、日記のなかで、抵抗する守旧派の人たちに、廊下《ろうか》や庭ですれ違っても、顔をそむけられてしまったと、こぼしているほどです。

五木 それは、宗教組織のどろどろした権力争いというより、子どもじみたシカトで、なんだか無邪気《むじゃき》だなあ。(笑)

森 まあね。(笑) いまの教皇の場合は、もう少し陰湿だったかも。

五木 どういうふうに?

森 ヴァチカンで力を持っている人たちが、表面的には教皇職に敬意を払うそぶりを見せますが、無言で抵抗するといった……。

五木 ああ、面従腹背《めんじゆうふくはい》ですか。

森 まあ、そんな感じではなかったかと、私はとらえています。教皇はヴァチカン内の組織、仕組みを飛びこえて、世界に飛び出していって、人びとと直接に向き合い、自分の言葉で、キリストの精神を語りかけたんだと思います。そして、それが行く先々で、大きな感動と共感を呼び、いままで分裂していたキリスト教各派を、ふたたび結びつける運動に、はずみをつける結果となった。

五木　それと、教皇は平和外交の教皇、世界を変えた教皇という評価をうけていますよね。とくに、共産主義にはっきりと異を唱《とな》え、祖国ポーランドのワレサ議長率《ひき》いる連帯を、精神的にサポートして、大きな力になっていたと。それがやがては、ベルリンの壁崩壊につながる大きな潮流となっていったといわれていますが。

森　たしかにそうなんですが、ただ、平和外交という枠《わく》組みで、教皇の活動を評価すると、そのユニークさ、新しさが消えてしまうように思うんですね。教皇の行動を支えていたものは、政治的判断や理念ではなくて、もっともっと人間の原点に基づいたものだったんじゃないかと思うんです。人間の尊厳《そんげん》というか。

五木　ええ、わかりますね。共産主義政権下で、抑圧された自由、尊厳を、どうにか回復するために、突き動かされるように行動した結果、世界を変えるような、大きなことを成しとげられたということではないでしょうか。それと、新聞の特集記事で知ってびっくりしたのは、ご自分を暗殺しようとした狙撃犯を、ローマの刑務所に訪ねて許《ゆる》しを与えていたんですね。

森　ええ、それと同時に、過去の教会の歴史のなかの過《あやま》ちを告白して、謝罪した。それはじつに画期的なことだったと思います。十字軍とか、異端審問《いたんじんもん》とか、植民地主義についてとか。

五木　これも、みんな、教皇のイニシアティブから出たものなんですか。

森　ええ、教皇独自の直感と、洞察《どうさつ》から生まれたものだと思います。このときも、最初はヴァチカンの官僚たちに激しく抵抗されたと聞いています。

五木　なるほどね。でも、よくいわれているのは、ヴァチカンの情報収集能力はすごいということなんですが。

森　私たち司教は、教皇から直接任命されるんで、何年かに一度はヴァチカンに行って、会議をします。そのときに、自分の教区の報告もいろいろするんですよ。ヴァチカンは独自に、それを抜かりなく収集していますね。ヴァチカンの内部には、すごいハイテクの情報処理システムが完備されているんですよ。

五木　ほう。

森　そのうえ、世界各国にあるヴァチカン市国の大使館から寄せられる報告や、修道院、宣教師からの情報、そして、一般信徒が持ち寄る情報というのもあるんです。

五木　いろんなレベルの情報が集まっているんですね。

森　ええ、ヴァチカンに集まる情報は、複眼的です。

五木　そうですね。このシステムを上手《じょうず》に動かそうと思えば、ＣＩＡやＫＧＢ顔負けの情報が集まるんじゃないかな。ちょっと怖い気がするなあ。（笑）

森　いや、大丈夫《だいじょうぶ》ですよ。平和のためにしか使いませんから。（笑）

なぜキリスト教人口は増えないのか

五木　ところで、日本のクリスチャン人口のことなんですが？

バレンタインデーの二、三日前ですが、たまたまデパートの地下へ弁当を買いに行ったら、チョコレート屋の前に女性が集まっていて、通れないほどなんです。クリスマスとかバレンタインデーとか、ずいぶんとまあ、成功したものだなあと感心したけれども、ふしぎに思うのは、これだけ日本人は、キリスト教文化に熱狂するにもかかわらず、クリスチャンの数が、韓国と比べるとほんとうに少ない。これはいったい、なぜなんだろう。しかも韓国は、朝鮮戦争以後、非常に増えたんですね。

森　そうですね。

五木　日本は、フランシスコ・ザビエルの布教以来、五百年ちかい布教の歴史がある。明治のころから、教会の日曜学校へ行くことが、英語を習得したり、海外へ行くための、ひとつのルートでもあった。そして、山口百恵《やまぐちももえ》までも教会で結婚するというくらい、教会が大好きで、ヨーロッパ文化に憧《あこが》れているにもかかわらず、信仰という問題になってくると、一線をこえて、神のほうへ踏みこんでいかない。

しかし、玄界灘《げんかいなだ》ひとつ隔《へだ》てて、半日もあればフェリーで往復できるような韓国では、大統領以下、ほとんどの人たちがクリスチャンである。この違いはいったい、なんなんですかね。

森　いろいろ、説明はできると思うんですが、韓国の場合、キリスト教がはいってから二百年ちょっとたちますが、宣教師による宣教活動で、教会が育ったのではないというところに、原点があると思っています。

五木　ああ、教会の指導者とか、国家とか、上からの押しつけではなくて。

森　ええ。信徒がはじめたんです。キリストの教えに出会った人たちが、自分たちに必要な司祭を呼んできて、教会活動がはじまった。宣教師たちの働きで、教会が生まれてきた日本とは違うんですね。

五木　ああ、そうなんですか。

森　日本のカトリックの場合は、明治にはいってきたパリ・ミッション系といわれる、フランスの司祭たちの働きによります。当時、世界各地で行なわれていた宣教活動は、国家の力に支えられていたもので、アジアでの宣教は、フランスの宣教師たちにゆだねられていました。ですから宣教師たちは、ある意味で、フランスの国威《こくい》を背負っていたわけです。いまでも、都内のあるカトリック学校では、学校の大事な行事のときには「ラ・マルセイエーズ」を歌っています。

その宣教師たちが受けとっていた信仰は、前にお話ししたように、ヤンセニズムの影響を受けた信仰だったんです。ヤンセニズムというのは、すごく厳《きび》しくて、神は聖であるから、聖なる神に相応《ふさわ》しいような信仰生活を求めるべきであるとする。そういう厳格《げんかく》な雰囲《ふんい》気《き》が、日本の教会に刷りこまれてしまったようなところがあるんです。ですから一般の人びとは、カトリック信者は厳しい、堅い、まじめという印象を受けてしまう。

五木　品行方正《ひんこうほうせい》とか。

森　ええ、数年前、神父たちがつどって、明治からの日本のカトリック教会のありかたを見直す勉強会をしたことがあります。そのメンバーの一人となった、パリ・ミッションの会員の司祭が、こんなことを言いました。

自分たちは結局、明治以降に、皇居のような教会をつくろうとしてきた。つまり、この世界の現実から離れて、ここに来れば神様を味わえるという、一般社会の現実空間から離れた教会を育てようとしてきたと。

五木　ええ。

森　宣教師たちの背後にあるヴァチカンも、その当時「検邪聖省《けんじやせいしょう》」などを設け、間違った教えをしてはいけない、間違ったミサをやってはいけない、正統な信仰を徹底して伝えなさい、という方針をとっていた。ですから、日本の社会に生きている一般の信者たちが、自分たちのこころで信仰を育てるということが、全然されないままに来てしまった。教会で使われる用語も、日本人のこころから出てくる言葉になっていない。

そのことは、はじめに五木さんが、説経（節）とか、七五調といってご指摘されたとおりでしょうね。

五木　それで、韓国は、違うんですか。

森　ちょっと違います。韓国では、都市化が進んで、多くの人びとが地方から都会に集まってきた時期に、キリスト教徒がどっと増えたという事情があります。故郷を離れた人びとが、こころの支えを求めて、キリスト教に入信したんですね。

五木　うーん。

森　最近は、いっときのような勢いは弱まった、と聞いていますけれど。韓国の教会の指導者たちは、韓国の教会の問題のひとつは、正統な教えをいかに浸透《しんとう》させるかにあると言います。自分たちの生活の根っこでとらえているから、正統な教義と違ってしまっているんじゃないかという、不安を抱いているわけです。

五木　民間のなかから、上からでなく、下からあがってきた信仰というのは、かならず土着化すると思うんです。そうすることでしか、やっぱり生き残れない。日本では稀《まれ》なことだと思うけれども、島原の切支丹《キリシタン》の人たちが、ゼウスは大日如来《だいにちにょらい》、マリア様は観音《かんのん》様、みたいな形でとらえていましたね。

森　ええ、そういう土着化をしました。

五木　土着化したものが、弾圧のなかで、三百年以上生きつづけるわけです。

森　明治以降の日本のカトリック教会には、それができなかった。司祭や司教のなかに、ヴァチカンの指導というか、方針に背《そむ》いてはいけないなという、歯止めが働いたんですね。それは、信徒のこころのなかにも、伝わってしまっていると思います。

土着化した宗教の強み

五木　仏教が、なぜ、アジアにこれだけ残ったかというと、インドの仏教と、チベットの仏教と、違う形で伝えられていったからなんだと思います。チベットの仏教は、チベットの風土に土着化した仏教です。

たとえば、インドでは「積善《せきぜん》の人に余慶《よけい》あり」という言葉があって、善《よ》い行ないを積んだ人は、いい報《むく》いがあるとする。それが中国にはいると「積善の家に余慶あり」と伝わっていく。中国というところは、同族思想が強いから、積善の人が家に変わってしまうんですね。お墓を見ても、インドでは個人の墓しかない。それが中国へ来ると、何々家の墓になる。

仏教が、韓国を経《へ》て日本へはいってくると、チベット仏教とも、中国仏教とも、韓国仏教とも違ってくる。親鸞《しんらん》にいたっては、ブッダと相当違う、まさに、日本仏教になる。

そういう意味で、日本の仏教は正統的な仏教じゃないといえば、正統的な仏教じゃないんです。ないけれども、日本に仏教が根づいたのは、そのためだと思いますね。モンスーン地帯の日本の風土と、四季折々の気候があるなかで、縄文《じょうもん》以来の歴史のなかに、仏教のほうが融合《ゆうごう》していったんですね。

森　風土と土着という意味では、隠れ切支丹《キリシタン》には、それがあった。

五木　ですから、私たちが、日本でキリスト教の神に出会うためには、いわば直輸入のような形でなく、ライセンス生産みたいなことが必要なんです。(笑)

森　日本人のこころにあった、教会の誕生のためには、百年、二百年単位で考える必要があるでしょうね。「和魂洋才《わこんようさい》」という考えがありましたでしょう。

五木　ええ、ありました。

森　キリスト教は、明確なシステマティックな教義を持っています。ひとつを崩すと、全部が壊れてしまうような。ですから、キリスト教を一度受け入れると、日本の文化、伝統をすべて放棄《ほうき》しなければいけないような、恐れやコンプレックスを抱かせてしまう側面があったのではないかな、と思うことがあります。明治、大正の人びとは、キリスト教を、外国の、文明国の宗教ととらえてしまった。

五木　和魂洋才というのは、私のいまいちばんの、大テーマなんです。明治維新以来、日本は、天皇制という政治体制をつくり、そこで国家神道《しんとう》を生みだすわけです。つまり、天皇を神と抱く近代国家ですから、洋魂《ようこん》洋才にするわけにはいかなかった。西洋近代文明のシステムだけはとり入れていますが、魂《たましい》のいちばんの拠《よ》り所はいりません。それは神道《しんとう》にしますと。まあ、いってみれば、魂の国家管理が、和魂洋才《わこんようさい》ですね。

森　ええ。

五木　日本に来たさまざまな分野の外国人教師が、日本を去るときの送別の会で、非常にいい体験をしたけれども、残念なことに日本人は、咲いている花の茎から上のほうだけをほしがって、根の部分に関しては、まったくふり向いてくれなかったと、ガッカリして帰って行くという。

それは、どういうことかというと、洋才、つまり洋のシステムや、洋のカルチュアには、洋魂《ようこん》があるということなんです。やっぱり、根の上に花が咲いている。その一部だけを切り取ってきた明治以来の日本の欧米化は、ニセモノだと、私は思うんですね。つまり、洋魂あっての洋才になるわけです。

一方、韓国のクリスチャンの人たちで家柄《いえがら》のよい家の子は、全部といっていいぐらい、アメリカへ行く。だいたいミッションスクールを出ているわけですね。つまり洋魂化することに、なんの抵抗もない。それは日本人と違って、何千年の天皇制に対する感覚がないからではないでしょうか。

そうなってくると、洋魂洋才でやっている韓国のほうが、これからは、未来があるんじゃないかという気がするんです。

森　そうですか。

洋魂なき洋才の限界

五木　じゃあ、日本の場合、和魂和才《わこんわさい》にすればいいかというと、簡単にはいかない。魂の問題、宗教の問題があるからです。明治のはじめに神仏分離で、廃仏毀釈《はいぶつきしゃく》が吹き荒れる。すさまじいものでした。神祇官《じんぎかん》を復興して、無理やり、国家が信仰を一本化しようとした。結果的に挫折するわけですが、和魂という場合、天皇制とからんでくる。中国や韓国からいろいろと言われる、首相の靖国神社参拝もそうですね。

いっぽう、和才ということでも、いまや市場原理の経済で、コンピュータに支配される時代ですから、和才とはなにか、という問題になってくる。もちろん、文化の問題なんですけれどもね。

そう考えると、ゼロを発見したインド人のインド文化のほうが、これから先の、つまり二十一世紀の文明をになう可能性があり、また、現実的には韓国のほうが、いろいろな意味で飛躍していくだろうというふうに、思うところがあるんです。

森　そうでしょうね。

五木　日本人はビルを建てるときに、お祓《はら》いをするでしょう。テレビ朝日がある、あの六本木ヒルズだって、ビルを建てるときにやりました。これが和魂《わこん》なんですね。ある意味で言うと。じゃあ日本人は、洋魂《ようこん》なき洋才というものをやることが、可能なんだろうか。それは、不可能なんじゃないか。そう、私は思うんですね。洋魂にあたるものは、私はキリスト教だと思うわけです。そうすると、和魂和才《わさい》はできない。といって、洋魂洋才にもなれない。このジレンマの真《ま》っ只中《ただなか》で、日本がいま、二十一世紀に立ち止まってしまっているという実感が、非常に強いんです。

森　お話を聞きながら、かつて横山大観《よこやまたいかん》が、「迷子」という絵を描いていたのを思い出しました。

五木　ほう、「迷子」。

森　それは、お釈迦《しゃか》様、キリスト、マホメット、孔子《こうし》、つまり宗教の偉い人たちがいて、その真んなかに幼な子が、どこを向いていいかわからず迷っているという絵です。

五木　それは面白《おもしろ》いですね。（笑）

森　いまも消えていない、日本人の魂《たましい》。それを、イザヤ・ベンダサンが「日本教」と言ったのでしょう。

五木　うーん。なるほど。ただ、神といったときに、日本でいう神は、八百万《やおよろず》の神様ですからね。

森　私は、和魂洋才《わこんようさい》、あるいは洋魂《ようこん》洋才になるかどうかは、別問題として、自分の人生に地に足をつけていけるような信仰が、本当の宗教の魂だと思います。だから、それが実っていけば、いつかは、和魂洋才かなにかわからないけれども、独自の、日本的なカトリック教会というのが誕生するかな、と思っています。

五木　そのときは、たとえばヨーロッパやローマのキリスト教と、違うキリスト教になっている可能性がありますね。

森　十分あります。私は、自分でもそう思ってますから。

五木　なるほど。

森　ギリシャ、ローマ文化のなかで育ったカトリック教会には、合理性と秩序を大事にしようとするメンタリティが流れていると思います。教義の根底を支えているものが、まさにそれです。でも、おっしゃったように、人間というのは合理の柱のなかで支えられて生きているわけじゃない。もっと、どろどろとしたものです。ローマ・カトリック教会を育て支えてきたシステムは、絶対的なものでなく、相対的なものであろうと、私は思っています。たとえば、いまアフリカや、中南米や、インドなどのカトリック教会に行けば、それはよくわかります。

五木　ほう。

森　アフリカの教会では、人びとは伸びのびと、踊りまくるようなミサをしています。インドでは、また別のニュアンスのミサになっている。ローマを中心とした教会の基準を、全世界の教会の、グローバル・スタンダードにしてはいけないように思います。

五木　アメリカの黒人社会に、あれだけキリスト教がはいっていったというのは、ゴスペルのような音楽や、ダンスの影響が大きいと思うんです。つまり、古来の信仰とか文化を、頭から否定して、根こそぎ滅ぼすのではなくて、共存する道ですね。

弘法大師《こうぼうだいし》・空海《くうかい》のようなエリートでさえも、高野山《こうやさん》にいきなり寺をつくったんじゃない。狩場明神《かりばみようじん》という、地元の神様を祀《まつ》る神社を最初につくる。そのあとに寺をつくって、長く寺の僧侶《そうりよ》が、その神社の神式の儀式もあわせておこなっていた。いまでも、丹生《にゆう》狩場明神という立派なお宮があります。

それを、神仏習合《しんぶつしゅうごう》といって、欧米系のインテリからは、土俗的な信仰だと徹底的にやっつけられる。けれども、私の考えでは、習合しない文化というのはないんですよ。だから、いろいろな形で、その土地、その土地の先住民の歴史などと絡《から》みあいながら、大事なところは外さないということが、大切なんでしょうね。

森　そうですね。

血湧《わ》き肉躍《おど》る礼拝《れいはい》を求めて

五木　仏教も、日本にはいって、逸脱《いつだつ》していく傾向にあったんですね。それを戒《いまし》めるために、くり返しくり返し、本家《ほんけ》本元《ほんもと》から人を呼んで、是正《ぜせい》しようという動きが、つねにありました。たとえば、漢方の知識を伝えた鑑真《がんじん》さんは、僧侶になるためのシステムが乱れてきたので、それを正すために招かれたんです。インゲン豆をもってきた禅僧の隠元《いんげん》さんは、明《みん》の国から招かれるんですね。以前、日本の禅寺の大本山《だいほんざん》でもある永平寺《えいへいじ》に行って食事をしたことがあるんですが、面白《おもしろ》かったのは、食事のとき一切ものを言っちゃいけないというんです。

森　食事中に？　むかしの修道院みたいですね。厳《きび》しい。

五木　ええ、沢庵《たくあん》を食べるときも、音を立てちゃいけないと。しゃぶるだけなんです。もう窮屈《きゅうくつ》で窮屈で、ほんとうにつらかった。（笑）

森　お気の毒に。（笑）

五木　そのあと、隠元《いんげん》さんがつくった宇治《うじ》の黄檗山万福寺《おうばくさんまんぷくじ》にいって、普茶《ふちゃ》料理を食べたんですが、永平寺《えいへいじ》のことがあるから、最初にご住職にうかがったんです。「普茶料理をいただく上での、作法というのはどうなんでしょうか」と。

森　ええ。

五木　ご住職いわく、「いや、直箸《じかばし》で、和気あいあいと談笑しながらいただく。これが、本来、中国の食事をするときの作法です」と。そう言われて、ああー、同じ禅宗でもずいぶん違うなと、びっくりしたんです。おそらく永平寺は、日本的静謐《せいひつ》を求めた、厳《きび》しいものになったんでしょうね。

森　その感じ、よくわかりますね。この前、フィリピンの高校生たちが日本に来て、二週間ぐらい日本のカトリック教会を見て、こんな感想を言っておりました。「日曜日の日本のカトリック教会は、お葬式のようだ」。（笑）

五木　なるほどね。

森 静かすぎるらしい。日本人は、どうもまじめにやりすぎちゃう。

五木 厳粛《げんしゅく》な雰囲気《ふんいき》ですからね。でも、ゴスペルソングだって、あの讃美歌は楽しいというか、血湧《わ》き肉躍《おど》る感じですよね。（笑）そういうエネルギーというか、内から出てくる、生命の喜びというものが、日本のキリスト教の教会には、あまり感じられないという印象をもちますけど。

森 そうですね。どこかで押さえこんでしまう。こころの内側に向かう傾向が強い。フィリピンやアフリカになると、まったく違うんですよ。アフリカのザイールの人たちのミサは、踊りながら、腰を動かしながら、司祭が出てきます。

日本という文化のなかで育つ、新鮮なキリスト教

五木 しかし、私はつくづく感じたのは、このあいだ、ブッシュの大統領就任の式典を見て、アメリカというのは、神国アメリカだな、と。建前《たてまえ》であろうと、なんであろうと、最初に讃美歌がうたわれて、最後に「イン・ゴッド・ウイ・トラスト（我らは、神を信ずる）」と言う。そのあいだにも、牧師さんが絶えず出てくる。たしか四十五回、ブッシュ氏は「リバティ」という言葉を使ったとかいって、話題になりました。そのリバティという言

葉は、ほとんどが神が保障するものとして、使われているんですよ。最後は「神のご加護あらんことを」で締《し》めくくったけれども、日本の新聞には、「神」という言葉が、一字も出ていませんでしたね。

大統領就任式というのは、ほとんど宗教儀式といっていいようなセレモニーなんですね。バイブルの上に手を置いて宣誓《せんせい》するわけでしょう。

森　そうですね。

五木　アメリカの民主主義は、要するに、神の保障の下《もと》に成り立っている民主主義であって、紙幣にまで「イン・ゴッド・ウイ・トラスト」という文字が印刷してあることを考えると、私たちは戦後、アメリカ文化を学んだつもりでいて、じつはアメリカ文化というものが、神という大地の、根のところから伸びて開いた花であるということを、まったく考えずに、茎から上をちょん切って、自分のものにしようとしてきたんだな、ということがよくわかる。

もちろんブッシュ大統領も、ほんとに敬虔《けいけん》かどうかしりませんが、とりあえず毎朝、聖書を読むと言っている。そう言わないと当選しない風土なんです。

森　ええ。

五木　私たちは、アメリカを物質の国と思っている。敗戦になったとき、中学校の校長先生が涙ながらに、「私たちは戦争に敗けた。これはアメリカの物質に敗けたのであって、精神に敗けたのでない」と、大演説しましたけれども、逆にアメリカの、あの物量というものを支えているのは、神に対するトラストなんですね。

神の摂理《せつり》の下《もと》に、アメリカの市場原理も動いている。アメリカの司法も、行政も、全部、神に対して誓《ちか》うことからはじまるんです。

あらためて、ジェファーソンの「独立宣言」を読んでみたのですが、「天賦《てんぷ》の権利」を、神の与えたもうた人間の権利と言っている。人間の権利は本来、生まれながらにして持っていると、日本の憲法はうたうわけだけれど、そうじゃない。神が、一人ひとりに授《さず》けた権利を「天賦の権利」と言っているんですよ。

森　おっしゃるとおりです。アメリカという国は、過去の歴史を共有しない人びとがつくった共同体ですね。イギリスから来た、フランスから来た、アイルランドから、ドイツから来た……と。共有する過去の歴史とか、伝統、文化がなくて、神を中心にまとまった国です。しかもその神は、同じキリスト教でも、当時の保守的なカトリック教会、英国国教会に反発して新大陸にやってきた、プロテスタント教会が理解する神です。

五木　そうですね。

森　神の名で、ひとつに集まったものですから、どんなときにも、神の名を使わざるをえない事情があるように思います。ヨーロッパ諸国は、歴史の体験から政教分離を学び、神の名で政治を行ない人びとに働きかけていくことの恐ろしさを、肌で学んできている。ところが、アメリカにはそれがない。神の名で、諸外国に軍隊を送ってしまう。その点では怖い国ですね。キリスト教の神をまったく知らない国々や、民族に、神の名による民主主義だといって、押しつけるのですから。神という言葉を出されると、議論ができなくなってしまう。

五木　大問題ですね。それと同時に、たとえば、ピンポイント爆撃に出る兵士たちも、従軍牧師から祝福されなければ、勇気をもって出ていけない。

森　そうですね。

五木　ということは、神の御名《みな》の下《もと》に、戦争が起こされているわけであって、石油戦略とか、経済的なことだけで理解しようとするのは、ちょっと違うんではないか……。

森　違いますね。

五木　それは大いなる誤解だと思いますね。イスラム教徒のジハードを、テロリストと呼ぶ彼らのこころのなかに、同じように、これはキリストの名によるジハードだ、聖なる戦いだ、自由と民主主義を回復するんだ、抑圧から人びとを解放するんだ、という気持ちがあるからだと思うんです。

森　そうでしょうね。

五木　私は、そういうことだと思うんです。

森　私はその点、日本という文化のなかで育つキリスト教は、他の国々の教会がもっているものとは違う、なにか特別な役割を果たせるんじゃないかなと考えています。アメリカの教会はアメリカの歴史のなかで、ヨーロッパの教会は、ヨーロッパのいろいろな歴史のなかで育っている。日本の教会は、また違う歴史のなかを歩んでいるわけですから、世界のキリスト教会に貢献《こうけん》できる、独自なものが育つと確信しています。

五木　ええ。

森　たとえば、前にもお話ししましたが、マザー・テレサは、死んだあとインドで国葬とされました。ヒンドゥー教の国での国葬でしたが、しかし、葬儀は、カトリックの儀式でした。彼女は、生前、死んでいく人たちが、イスラム教徒ならイスラム教に応じ、ヒンドゥー教徒ならヒンドゥー教のお経を立てたのです。

五木　個人個人の、信仰を大事にしていたんですね。それは、本人が、こころから自分の信仰を大切にしていなければ、他人の信仰を尊重《そんちょう》するということはできないことです。

森　本当にそうですね。従来のカトリック教会だったら、頭から否定されていたことを、マザーは信念をもって実践したんですね。一人ひとりの人生、人間のいのちが、なにより も尊いという信念です。そうした信念を支える、神への、キリストへの理解が、彼女にあったと思うのです。

五木　そうですね。私は最近、既成の情報、常識、哲学などに個人が合わせるのではなくて、自分の生きかた、自分なりの人生観を確立させることが、非常に大切ではないかと考えているんです。だから、仏教にしろ、キリスト教にしろ、与えられた教義や信仰を、そのままに受け入れるのではなく、自分なりに咀嚼《そしやく》し、自分にあった、自分だけの信仰をつくることが、いちばん大切ではないかと思っているのですが。

森　私も、同じことを、かねがね考えてきました。これまでの教会の教義として教えられたものではなく、自分の人生を、根っこで支えてくれるような、自分だけの福音《ふくいん》の読みかたをもって、祈って、信仰を育てていくことが大切なのではないかと……。

五木　そのためには、やはり、強い、確固とした神体験というか、神の発見があったほうがいいと思うんですが、最後に聞かせてください。
森さんが、ああ、神はいらっしゃるんだ、という実感をもたれた瞬間はいつですか。そのような喜びの神体験を、日々の暮らしでできるのが、救いではないかと思うんですが、それは、どうして実感されたんですか?

森　そのむかし、修道会にはいる前のことです。大学二年生のときだったと思いますが、試験を終えた二月、私をふくめた四人の仲間で、冬山に挑戦したことがあります。四人とも、それぞれ別の修道会入会を目指していた神学生でした。その時期、谷川岳《たにがわだけ》や北アルプスでの遭難《そうなん》事故が、毎日のように報道されていました。そんなときに、怖いもの知らずの私たちが冬山に挑戦したのです。

いざ、登山口から山小屋目指して登りはじめたとき、積雪が深く、道に迷い、あらぬ方向に行ってしまいました。冬山の日の暮れるのは早く、日が暮れてしまうと、完全な闇です。私たちは、それ以上歩いては危ないと判断し、大きな岩を見つけ、その陰で一晩を過ごそうと決めました。結果として、それで助かったわけですが、そのとき、遥《はる》かかなたでしたが、山の頂《いただき》に、山小屋からもれてくる光を見たのです。その瞬間、私をとらえていた、死の恐怖や不安が消え、気持ちが本当に楽になりました。

現実は変わらなくとも、光が見えるのと、見えないのとでは、大変な違いです。それと同じように、信仰とは、遥《はる》か遠くに輝きながら、闇のなかで、寒さに凍《こご》える私たちを、支え導く光ではないかと思えたのです。その光が、私にとっては、神の発見だったのです。

五木　ああ、光としての神、闇を照らすエネルギーとしての存在ですね。

森　ええ。私たちを包みこむ、光があるという信仰に徹していれば、私たちの生きている現実も、自分のなかの醜さや、罪深さは変わらなくとも、こころの奥は、穏《おだ》やかに安らいでいきます。

五木　私たちは、はたして自分のなかに宿る光に、見えざる神を発見することができるのでしょうか。でも、森さんのお話をうかがっていて、なにか目に見えない希望のようなものを感じることができました。ありがとうございます。

あとがきにかえて

森さん、と気やすく呼んでいるが、多くの人びとから森司教さま、と敬愛されている重要なかたでいらっしゃることは、私も承知していた。しかし、あえて、森さん、五木さんと、フラットな立場で対話をすすめていくことができて、本当にうれしく思う。

私の知ったかぶりの質問に、森さんは一つ一つ誠実に答えてくださった。しかも、リラックスした表情で、ユーモアをまじえながら。

キリスト教を考えることは、日本人の信仰心を照らし返すことだと私は思ってきた。この対話の間に、私がくり返し仏教の話を持ちだしたのも、そんな自分の足場を再確認するためだった。

この時代に、森さんのような司教をえたカトリック教団は幸運であると、正直そう思わずにはいられない。森さんの労は多く、私が頂戴したものは限りなく大きい。

この本をまとめるに当たって、今回も多くのかたがたのお力ぞえがあった。ゆう企画の渡辺文代、安藤優子の両氏、速記の小橋和子氏、ADの三村淳氏、また平凡社文芸編集部の高丘卓氏、その他すべての関係者の皆さんに心から感謝して、あとがきにかえたいと思う。

二〇〇五年　夏

五木寛之

◉著者プロフィール

五木寛之（いつき・ひろゆき）

1932年、福岡県生まれ。生後間もなく教師であった父の赴任先・朝鮮へ渡る。敗戦後、平壌（ピョンヤン）から命からがら引き揚げ、生まれ故郷の福岡県で中・高生時代を過ごす。大学受験のため上京、早稲田大学文学部露文科に学ぶ。大学時代よりPR誌の編集者などをしながら学資を稼ぐ。その後、作詞家、ルポライターなどをへて、1966年『さらばモスクワ愚連隊』で第6回小説現代新人賞を受賞。翌67年には『蒼ざめた馬を見よ』で第56回直木賞を受賞、作家としての地位を築く。67年に出版した『青年は荒野をめざす』（小説）、68年の『風に吹かれて』（エッセイ）は、当時の若者たちのバイブルとなり、デラシネブームを惹き起こす。さらに76年には『青春の門 筑豊篇』他で第10回吉川英治文学賞を受賞。『青春の門』シリーズは、総数2000万部を超えるロングセラーとなり、流行作家としても頂点を極める。81年より一時休筆。京都の龍谷大学に学び、その後ふたたび文壇に復帰。代表作に日本史の闇を照射した小説『戒厳令の夜』『風の王国』などがある。また小説のみならず、音楽、美術、歴史、仏教など多岐にわたる鋭い文明批評でも注目を集め、『蓮如—われ深き淵より—』『生きるヒント』シリーズ、『大河の一滴』『人生の目的』『運命の足音』『不安の力』『元気』『気の発見』など、大ベストセラー作家として、つねに時代を牽引しつづけている。2002年『日本人のこころ』シリーズなどにより、第50回菊池寛賞を受賞。また英文『TARIKI』は、同年アメリカ・ブック・オブ・ザ・イヤー（スピリチュアル部門）に選ばれた。

森 一弘（もり・かずひろ）

1938年、横浜に生まれる。カトリック校栄光学園を経て、1960年、上智大学文学部哲学科を卒業。高校3年のときに受洗する。59年、男子カルメル修道会に入会。62年、横浜から航路でローマ・カルメル会国際神学院に留学。67年、ローマでカトリック司祭となる。68年同学院修了。帰国後は、司祭として活動。85年、司教に叙階。2000年まで東京教区補佐司教を務める。その間、カトリック中央協議会事務局長を兼務。現在、新宿区信濃町の財団法人・真生会館（生涯センター、学生センター、聖書センター）の理事長として、講演活動、執筆活動、黙想指導等にたずさわる。カトリック教会のスポークスマンとして、マスコミへの発信も行なう。2000年秋、カトリック教会とプロテスタント諸教派・諸教団協力のもとに、東京オペラシティーを会場として催された「東京大聖書展」の総責任者として活躍する。主なる著書に『人の思いをこえて』『信徒の霊性』『カトリック司教がみた日本社会の痛み』『しんげん』『心の闇を乗り越えて』など多数ある。

神の発見

二〇〇五年八月十日　初版第一刷発行

著　者　五木寛之
対話者　森　一弘
発行者　下中直人
発行所　株式会社平凡社
〒一一二―〇〇〇一
東京都文京区白山二―二九―四
電話＝〇三―三八一八―〇七四一（編集）
〇三―三八一八―〇八七四（営業）
振替＝〇〇一八〇―〇―二九六三九
ホームページ　http://www.heibonsha.co.jp/
編集者　高丘　卓
装幀者　三村　淳
印　刷　株式会社東京印書館
製　本　株式会社石津製本所

ISBN4-582-83252-0　C0095
NDC分類番号914.6　四六判（19.4cm）　総ページ260